개정판
성공하는 협상의 10가지 핵심역량
순서대로 따라하면 나도 최고 협상가!

리더를 위한 협상역량모델

개정판

성공하는 협상의 10가지 핵심역량

순서대로 따라하면 나도 최고 협상가!

원 창 희 지음

2021년에 이 책의 초판을 출판한 후 협상의 역량개발 양서로서 많은 독자들이 활용함을 매우 기쁘게 생각하며 보답으로 책의 부족한 부분을 보완, 수정하여 개정판을 출시해야겠다는 계획을 세웠다. 도서출판하면서 언제나 느끼지만 완벽하게 교정을 봤다고 생각하고 인쇄를 해서 다시 살펴보면 어디서 빠트렸는지 오탈자가 보이니 한편으론 신기하다고 할 밖에 없다. 이렇게 개정판의 계획은 문장 오류와 오탈자 교정을 위해서 오래 전에 마음에 두었다.

한국협상경영원은 파인협상아카데미의 후신으로 출판과 교육을 담당하고 있다. 특히 본 도서의 내용을 기반으로 "협상가1급 자격증 과정"을 운영하고 있다. 벌써 6차례의 자격과정을 운영하면서 많은 교육생을 배출하고 교육과정에서 나타난 새로운 보완할 내용을 발견하게 되었다. 그래서 초판의 내용을 상당히 보완할 필요성이 더욱 제기되어 이번 개정판을 꼭 출판해야할 필요성을 더욱 느끼게 되었다.

수정, 보완한 항목 중에서 협력의 진화, 협상의 감정관리, BATNA와 심리적 파워의 협상력, 협력적 협상의 합의가능영역, 적극적 듣기의 재정리, 난국대처 역량의 재분류, 협상 성공법칙의 비교분석을 비중 있게 다루었음을 밝혀둔다.

개인적 차원이나 조직적 차원에서 협상의 역량강화와 전략자원개발에 관심 있는 독자들에게 본 개정판이 도움 되기를 기대한다.

2024년 4월 1일
저자 원창희 씀

　우리나라의 지난 반세기를 되돌아보면 참으로 놀랄 일들이 너무 많다. 남북한전쟁의 잿더미 속에 경제를 일으켜 세우기 위해 온 국민이 피땀을 흘리며 세계에서 경제대국으로 우뚝 세운 이 놀라운 사실은 세계 어느 나라도 해낼 수 없었던 기적이다. 어디 그 뿐인가. 36년간 일제의 탄압 속에 갖은 고통을 참아내고 해방 후 군사독재에도 경제를 생각하며 자유와 평등 그리고 인권은 뒤로 한 채 잘 살아보자며 열심히 일만 하다가 생활수준과 의식의 향상으로 평화적으로 진정한 민주주의를 달성하게 된 사실에 세계도 놀라고 있다. 서양에서는 수많은 희생자를 내며 성취한 민주주의를 우리는 무혈로 그 값진 민주주의를 이룩한 놀라운 역사를 기록하였다. 그 외에도 K-Pop, K-방역, 한류 또한 세계에 큰 영향을 준 놀라운 우리의 성과이다.

　이렇게 놀라운 기적을 우리가 만들어낸 주인이지만 자화자찬 하며 안이하게 지낼 수만은 없는 현실을 직시해야한다. 세계는 무한경쟁시대로 접어들어 경쟁력이 없으면 어느 순간에 몰락할 수 있는 위험이 도사리고 있다. 아르헨티나, 베네수엘라, 그리스, 이탈리아가 그러한 예정 가격 될 수 있다. 국가는 국가대로, 기업은 기업대로, 시민은 시민대로 각 수준에서 높은 경쟁력과 의식수준을 유지해야 우리가 일구어놓은 경제기적과 민주주의를 보존하고 더 발전시킬 수 있다.

　이 책은 기업의 경쟁력, 특히 협상의 역량에 의한 기업의 경쟁력 강화에 초점을 맞추고자 한다. 기업활동을 하면서 경쟁력을 갖추어야할 부분은 업종이나 회사에 따라 다양한 형태로 구성될 수 있다. 일반적으로 기술력, 브랜드, 인적자원, 마케팅, 재무구조, 조직역량, 기업문화, 고객충성도 등 다양한 경쟁력 요소들이 한 기업의 경쟁력을 구성할 수 있다. 대외비즈니스를 하는 기업이면 협상의 역량이 매우 중요한 경쟁력이라는 점을 인지해야 한다. 판매, 구매, 대출, 투자, 특허, 계약, M&A 등 많은 분야의 활동이 직접 협상을 필요하기도 하고 분쟁의 해결방법으로 협상이 필요할 수도 있다. 어떤 경우든 협상은 어떻게 하느냐에 따라 회사의 생사가 걸릴 수도 있고 수익과 손실의 갈림길이 될 수도 있는 중요한 기업 활동임에 틀림없다.

기업의 비즈니스와 사회 환경에서 생산적 성과를 거두는 성공적 협상을 하는 스킬을 갖추는 것은 기업과 조직이 생존하는 데에 있어서 절대적으로 중요한 역량이다. 이러한 배경의 인식에 기초하여 기업의 실제 협상을 담당하는 책임자와 협상을 지도하고 점검하는 경영자에게 협상의 역량과 리더십을 효율적으로 함양하기 위해 이 책을 집필하게 되었다. 그렇다고 협상이 기업 경영자와 관리자에게만 필요한 역량이 아니라 국가, 정부, 공공기관, 민간조직 그 어느 곳에서도 대외관계를 담당하는 리더들이라면 모두 알아야 할 경쟁력의 핵심역량이 될 것이다.

이 책이 협상의 실무 능력과 지도력을 증진시키기 위한 실천서임에도 불구하고 많은 문헌과 자료에 기반을 두고 독창적으로 모델을 개발하였다. 세계적인 협상교육기관인 Harvard Business School, Wisconsin University, Federal Mediation and Conciliation Service의 협상도서와 지식을 참고하였고 협상의 대가인 Roger Fisher, William Ury, Roy Lewicki, Bruce Barry, David Saunders, Shell Richard, Peter Stark, Jane Flaherty의 이론과 실무경험을 참고하여 이론과 모델을 창조해 냈으며 나아가 성공적인 협상의 지침서로서 기능을 할 수 있도록 역량모형으로 새로 구성하였다.

어떻게 하면 협상을 성공적으로 완수할 수 있을까 하는 의미에서 성공하는 협상을 목표로 하였고 이를 달성하기 위해 필요한 핵심역량으로 10가지를 정리하였다. 10가지의 역량을 분류하여 기초역량파트, 실행역량파트, 대응역량파트 및 성공역량파트의 4가지로 구분하였다. 기초역량파트는 협상을 하기 위해 알아야 할 기초적인 개념과 목적, 전략, 협상력 등을 포함하고 있고 실행역량파트는 협상을 시작하고 진행할 때 발휘해야 할 역량으로서 절차, 준비, 소통스킬을 포함하고 있다. 이렇게 협상을 이해하고 진행하는 방법을 알게 되었다면 한 단계 높여 협상 중에 닥치는 장애들을 극복하기 위한 대응역량파트를 익혀야 하는데 상대방의 행동유형에 따라 반응하는 방법과 상대방이 협상을 파괴하려고 할 때 이를 극복하는 방법을 설명할 것이다. 마지막으로 성공역량파트로서 실전에 임하면서 협상의 성공을 위해 꼭 기억해야 할 10가지 성공법칙을 잊지 않고 몸소 실천한다면 비로소 협상의 역량을 완성할 수 있을 것으로 기대된다.

2021년 3월 1일
저자 원창희 씀

　한국 경제는 코로나 팬데믹 시대에서도 지속적으로 성장하면서 많은 기업과 조직은 그들의 조직을 성공적으로 유지하기 위해 심각한 도전에 직면해 있다. 이와 더불어 21세기에 한국 사회가 평화적으로 민주주의를 달성해 왔다는 것은 매우 고무적이다. 그런데 민주주의 그 자체의 본성은 끊임없는 갈등과 토론 그리고 합의를 본질적으로 내포하고 있다. 오늘날의 한국 사회는 개인 간, 조직 간, 기업 간 및 정부 간 다양한 갈등을 직면하고 있다.

　비즈니스, 정부 및 사회 환경 그 모두에서 생산적인 성과를 성공적으로 협상하는 스킬을 획득하는 것의 중요성은 향후의 생존에 더욱더 결정적일 것이다. 저자 원창희 박사가 오래 동안 쌓아온 지혜로운 경험이 이 책에 훌륭하게 정리되어 있으며 이 책을 통해 저자는 활동적인 협상 리더와 실무자들의 역량수준을 높이는 유용한 도구를 독자들에게 제공할 것이다.

2021년 3월 1일

잰 선우(Jan Jungmin Sunoo)

미국 연방조정알선청(FMCS) 조정관(전)

태국 출라롱콘(Chulalongkorn)대학 로타리평화센터 겸임교수

Recommendation for
"10 Competencies for Successful Negotiation"
by Chang Hee Won

As the Korean economy continues to grow even during the time of the Corona pandemic, many firms and organizations today are facing serious challenges to keep their organizations on a successful course. At the same time, it is encouraging to see that Korean society has continued to democratize peacefully in the 21th century. However, the nature of democracy itself involves constant conflict, discourse and consensus. Today's Korean society faces a variety of conflicts between persons, organizations, firms and governments.

The importance of having skills to successfully negotiate productive outcomes in both business, government and social circumstances will become even more crucial to survival in the years ahead. Dr. Won's long and wise experiences have been skillfully assembled in this book which will give readers a useful tool to raise the level of competency for the active negotiation leaders and practitioners.

March 1, 2021
Jan Jungmin Sunoo
Commissioner, US Federal Mediation and Conciliation Service(retired)
Adjunct Faculty, Rotary Peace Center, Chulalongkorn University

▌감사의 말씀 ▌

이 책을 완성할 수 있도록 많은 분들의 격려와 도움에 감사의 말씀을 드려야 할 것이다. 한국에서 정부와 기업을 대상으로 협상의 지식과 스킬을 보급하고 협상의 전문성을 기르는데 많은 기여를 해온 김성형 박사님의 조언과 격려는 이 책을 시작해서 마무리할 때까지 큰 도움이 되었기에 깊은 감사의 말씀을 드린다. 미국의 연방정부기구인 FMCS(연방조정알선청)에서 조정관으로 대기업들을 상대로 협상과 조정을 교육하고 실행해온 Jan Sunoo 선생께서 오랜 교류를 하며 협상의 철학, 기본이해, 전략과 실행스킬 등을 공유하고 스스로 모범을 보이며 글의 집필을 격려하고 추천한 고마움을 늘 기억하려고 한다.

이 책의 서평을 흔쾌히 수락해서 과분한 서평을 주신 분들에게 감사를 표하고 싶다. 행정과 경영의 일선에서 직접 협상을 지도하고 실천하고 있는 여주시의 이항진 시장님, 태일CNT 김경수 대표님, LJTec 대표이면서 경기중소벤처기업연합회 부회장이신 이옥희 대표님께 현장감 있는 서평을 주셔서 진심으로 감사의 말씀을 드린다. 대학과 학계에서 교육과 연구를 담당하고 있는 학자로서 전 대통령 사회정책수석비서관 이원덕 박사님, 한국방송통신대학교 이선우 교수님, 단국대학교 경영대학원 김학린 교수님, (주)KBC파트너스 대표이사(대표코치)/단국대 협상코칭 주임교수 최동하 교수님께 식견 높은 서평을 주셔서 깊은 사의를 표한다.

저자가 출강한 협상과 관련한 학교와 협회의 도움을 기억하고 감사를 드리고 싶다. 단국대학교와 아주대학교 경영대학원 그리고 한국기술교육대학교 테크노인력개발전문대학원에서 협상론을 수강한 재학생들과 졸

업생들이 현장에서 협상실무에 대한 관심을 지속적으로 제기하였고 한국 조정중재협회 협상전문가 양성과정의 교육생들 또한 협상이론의 현장적 용상 흥미로운 질문과 제안이 매우 유익하여 이 책의 집필에 용기를 주었기에 감사한 마음을 전달한다. 저자는 한국갈등조정가협회의 회장으로서 회원을 관리하면서 갈등을 해결하는 조정과 코칭에도 협상이 얼마나 중요한 역할을 하는가를 깨닫게 된 것이 이 책을 집필하는 또 다른 계기가 되었기에 협회 회원들에게도 감사의 말씀을 전한다. 그 외에 가족과 지인들이 따뜻한 격려를 주었고 아이디어 교류에 많은 도움을 주었기에 그 큰 사랑과 우정에 깊은 감사를 표한다.

이 책은 경영과 행정을 담당하는 리더와 관리자들에게 도움이 되고자 집필되었다. 성공하는 협상의 10가지 핵심역량은 독자들에게 지식과 스킬 함양에 도움이 될 수 있음은 물론이고 교육생들에게도 학습자료의 역할을 할 것으로 기대된다. 이 책이 우리사회의 경쟁력과 지속성장에 작은 도움이 될 수 있다면 더 바랄 것이 없겠다.

2021년 3월 1일
저자 원창희 씀

▌차례 ▌

▌표 차례▐

▌그림 차례 ▌

▌특별연구 차례 ▌

▌핵심역량 차례 ▌

협상의 용어 정리

거래: deal, 협상가들이 합의를 위해 서로 주고받는 행위

교섭: bargain, 자신의 입장을 관철하기 위해 논쟁과 설득을 사용하며
    양 당사자들이 타협을 이끌어내기 위해서는 서로 일정한 양보를 함

대안: alternative, 협상가가 자신을 위해 취할 수 있는 행동

옵션: option, 하나의 이해관계를 충족시키는 해결방안; 한 쟁점에 관련
    된 옵션들은 매우 많이 존재할 수 있음

옵션 vs 대안: 옵션은 양측이 합의에 이르기 위해 고려하는 가능한 거래
    의 일부로서 파이확대, 창의성을 요구하는 것인데 반해 대안은 협상가
    가 자신을 위해 취할 수 있는 행동을 말함

이해관계: interest, 어느 한 당사자가 어떤 쟁점에 대해 자신의 관심을
    표현하는 것

입장: position, 어느 한 당사자가 어떤 쟁점에 대해 자신의 해결방안을
    진술한 것

쟁점: issue, 협상에서 해결해야 할 주제나 안건

최대양보가치: reservation, 협상가가 더 이상 갈 수 없는 수준 또는 최저
    선

최저선: bottom line, 협상가가 더 이상 거래하지 않을 최저 수준, 최대양
    보가치와 동일한 개념

토마스킬만 갈등모형: 자신에 대한 관심과 타인에 대한 관심의 결합 정도
    에 따라 5가지의 갈등관리 스타일: 회피, 경쟁, 양보, 협력, 타협

평가기준: evaluation standard, 옵션들 중에 비교하고 판단할 특성이나
    요소, 예) 합법성, 예산가용, 수용성, 실천가능성

합의안: consensus, 양측이 수용하는 최적 옵션을 해결방안으로 합의함

협상 감정: 협상에서 나타나는 협상가의 감정으로 긍정성과 표현 강도로 구성

협상결과: 패패(lose-lose), 승패(win-lose) 또는 패승(lose-win), 타협 (compromise), 윈윈(win-win); WIN-win(큰 원과 작은 원)

협상력: 협상가가 원하는 방법으로 원하는 결과를 만드는 능력으로 힘의 원천과 적용으로 구성됨

협상전략: 성과와 관계의 중요성의 정도에 따른 전략

    회피전략: 성과의 중요성과 관계의 중요성 모두 낮을 경우 선택

    경쟁전략: 성과의 중요성은 높으나 관계의 중요성이 낮을 경우 선택

    수용전략: 성과의 중요성은 낮으나 관계의 중요성이 높을 경우 선택

    협력전략: 성과의 중요성과 관계의 중요성 모두 높을 경우 선택

    타협전략: 성과의 중요성과 관계의 중요성 모두 중간정도면 선택

힘: 사람들이 원하는 결과를 만드는 능력, 또는 원하는 방법으로 일을 이루어내는 능력

힘의 원천: 협상력이 발생하는 원천으로 정보와 전문성 힘, 자원의 통제, 합법성 힘, 구조의 위치, 개인적 힘 5가지로 구성됨

힘의 적용(영향 전략): 협상력의 원천이 협상력으로 전환되기 위해 힘의 원천에 영향을 줄 수 있도록 실행; 설득, 교환, 합법성, 친화력, 비위맞추기, 칭찬, 단호함, 영감의 호소, 협의, 압력, 연합 등 11가지

BATNA: the best alternative to a negotiated agreement, 협상합의에 대한 최선의 대안, 협상이 결렬될 때 취할 수 있는 최선의 대안

ZOPA: zone of possible agreement, 합의가능영역, 두 협상가의 최대 양보가치 사이의 영역

제1부 기초역량 개발

성공하는 협상의 기초

제1장 인식역량:

협상은 왜 중요한가?

협상은 우리의 모든 생활에서 매우 다양하게 발생하는 기본적이고 일반적인 인간의 활동이다. 가정에서 사소하게는 누가 거실을 청소할 것인가, 식구들 저녁회식을 어느 음식점에서 할 것인가, 직장에서 내년 연봉을 어느 수준으로 결정할 것인가, 입찰서류 준비로 회사제품 지방프로모션투어에 팀원 중 누구를 보낼 것인가, 드럼세탁기 버튼전자부품 납품가격과 물량을 어떻게 결정할 것인가 등이 흔한 협상활동이다. 또한 회사 인사팀이 노동조합과 임금인상 단체교섭을 실시한다거나, 모 금융회사가 코로나로 폐업하는 서울의 대형 호텔을 어떤 가격에 매입할 것인가, 정부가 코로나19 예방 백신을 어느 나라의 어느 제품을 얼마의 가격으로 확보할 것인가, 이란에 억류된 한국선박의 선원을 석방하도록 외교부 차관이 이란에 급히 방문하여 어떻게 해결할 것인가 하는 난이도가 높은 협상활동도 있다.

1. 협상의 개념

협상은 두 사람 또는 집단 간 거래가 이루어질 때 적용되기도 하고 두 사람 간 또는 집단 간 갈등을 해결하는데 사용되는 하나의 방법이기도 하다. 몇 가지 주요한 협상의 정의를 살펴보면 다음과 같다.

'협상은 다수의 이해당사자들이 가능한 복수의 대안들 중에서 그들 전체가 수용할 수 있는 특정 대안을 찾아가는 동태적 의사결정과정이다'(Alan Coddington, 1966).

'협상은 한 사람이 다른 사람으로부터 어떤 것을 원할 때 발생하는 상호 의사소통과정이다'(G. Richard Shell, 1999).

'협상은 갈등의 당사자들이 현재 또는 잠재적으로 의견 불일치하는 쟁점에 대해 합의에 도달하고자 시도하는 과정이다'(Masters and Albright, 2002).

본 저서에서는 이해관계를 중시한 Patton(2005)에 따라 '협상이란 두 사람 이상이 공통의 이해관계와 상반되거나 다른 이해관계를 가지고 있을 때 합의에 이르기 위해 서로 주고받는 커뮤니케이션'이라 정의한다(원창희, 2009).

2. 협상의 중요성

협상활동이 일상생활에서 다반사로 발생하고 있기도 해서 그다지 신경을 쓰지 않을 때가 많다. 생활의 사소한 협상은 그렇다고 하지만 협상단위가 기업, 단체, 정부로 대형화 할수록, 협상안건의 가치가 거대해질수록, 협상결과가 미치는 영향이 커질수록 협상이 그 주체에게 주는 의미와 중요성은 커질 수밖에 없다. 그래서 협상을 깊이 들여다보기 전에 협상은 이를 실행하는 조직에게 왜 중요한지 그 이유를 알아보고자 한다.

1) 자율적 합의 도출

첫째, 협상은 외부 다른 기업이나 조직과의 갈등이나 분쟁이 발생했을 때 소송으로 가지 않고 자율적으로 해결할 수 있는 효과적인 방법으로 금전적, 시간적 비용을 절약할 수 있을 뿐 아니라 우호적인 상호관계를 유지하여 미래의 지속적인 비즈니스를 할 수 있는 토대를 마련해준다.

애플과 퀄컴이 특허료분쟁 관련 소송을 2017년부터 2년간 끌어오다가 2019년 4월에 모두 취하하고 퀄컴이 애플에 5G 이동통신 모뎀칩을 공급하기로 합의하였다.[1) 이 특허소송전은 최대 270억달러(약 30조원)이라는 천문학적 소송가격이 걸려 있어 사활이 걸린 전쟁이었다. 국제적 스마트폰 경쟁 시장에 미국의 자국기업 간 소송전은 자칫 lose-lose(패패)의 결과를 가져올 수 있어서 합의로 해결되었다. 이렇게 기업 간 분쟁을 소송으로 해결하지 않고 자율적으로 해결하고 미래관계도 유지할 수 있는 방법이 바로 협상이다. 애플과 퀄컴 간 협상에 의한 상호 합의는 두 기업을 살려내고 비즈니스관계를 발전시켜 그 경제적 성과는 상상을 초월한다.

이러한 거대한 특허분쟁까지는 아니라 하더라도 기업 간 갈등과 분쟁은 비즈니스에서 다양하게 다반사로 일어나는 현상이다. 같은 업종 내 기술분쟁, 원하청 간 부품수급관련 구매분쟁, 건설원청회사와 하청회사 간 건설계약이행 분쟁, 여행사와 고객 간의 여행상품 계약취소 분쟁 등 수없이 많은 상업적 분쟁이 발생하는데 분쟁 당사자들은 우선적으로 법적 소송에 호소하려는 경향이 있다. 이럴 때 협상에 익숙한 인사, 구매팀이 있다면 협상으로 분쟁을 해결하고 회사에 큰 수익을 가져다주면서 상대편 기업과 우호적인 관계를 유지하는 큰 성과를 낼 수 있다. 따라서 협상은 기업이나 조직의 비즈니스 분쟁을 원만하게 해결하여 회사 수익과 발전에 큰 기여를 하므로 그 중요성이 매우 크다.

2) 유리한, 원하는 결과 도출

둘째, 협상은 상업적, 외교적 거래에서 정보와 커뮤니케이션 스킬을 활용하여 협상력을 높이고 자신이 요청하는 제안의 가치를 높이고 상대방

제안의 가치를 엄격히 평가하여 매우 유리한 결과 또는 자신이 원하는 결과를 얻게 해준다.

협상의 결과는 패패(lose-lose), 승패(win-lose) 또는 패승(lose-win), 타협(compromise), 윈윈(win-win)의 4가지 결과가 있다. 협상가로서 일단은 이기고 싶은 욕망이 발생하지만 협상을 잘 모르고 상대방의 협상력이 우위에 있다면 불리한 결과를 얻게 되는 패승이 될 수도 있다. 협상력이 비슷하고 서로 극한적 소모전으로 가면 양 측이 지는 패패의 결과가 될 수도 있다. 상대방과의 관계를 중시하면서도 원하는 결과를 얻으려면 윈윈협상을 해야 하는데 이는 고난도의 협상스킬을 요구한다. 그래서 차선책이 양측이 조금씩 손해 보는 타협으로 결론 내기도 한다. 여기서 유리한 결과란 승패의 개념에서는 자신이 이긴 승패 결과이거나 타협과 윈윈이라도 자신이 상대방보다 상대적으로 더 나은 결과를 가지는 것을 의미한다.

상대방이 있는 상태에서 자신이 원하는 결과를 얻기란 쉽지 않다. 협상에서 높은 협상력을 믿고 일방적인 승리를 얻을 수 있다고 하더라도 상대는 합의하지 않으려고 하거나 합의했다 하더라도 미래의 관계는 상실될 것임에 틀림없다. 그래서 상대방도 어느 정도 원하는 결과를 얻게 해주는 것이 필요한데 그것은 바로 협상의 스킬을 익혀야 가능하다. 이렇게 하여 협상에 의해 자신의 회사가 원하는 결과를 얻었다면 회사의 수익에 기여함은 물론이고 상대방과의 비즈니스관계 유지, 발전에 도움을 주게 되므로 협상의 중요성은 비즈니스거래에서 결코 간과해서는 아니 된다.[2]

3) 조직 생존 및 재정 수익 기여

셋째, 협상에 의한 합의결과는 상대방에 대한 유·불리와 상관없이 회사나 조직에게 비용절감이나 수익을 가져다주고 극단적인 경우에는 회사의 생사를 결정하기도 하여 협상의 중요성은 아무리 강조하여도 지나치지 않는다. 앞의 애플과 퀄컴 간 특허료분쟁 관련 소송에서 협상에 의한 해결로 양 측의 비용절감은 30조원이라는 천문학적 숫자에 달하여 협상이 없었다면 자칫 생존의 큰 위기를 맞을 수도 있었다.

소니(Sony)의 미국진출 이야기는 전설적이다.[3] 1955년 소형 트랜지스타 라디오가 일본에서 29.95달러로 잘 팔렸는데 소니의 아키오 모리타 회장은 이에 만족하지 않고 미국 시장에 진출하고 싶었다. 불로바(Bulova)는 브랜드가 미국에서 잘 알려져 있는 불로바 상표명으로 판매하는 조건으로 10,000개를 주문하면서 소니 자본의 7배나 되는 거액을 제시하여 모리타 회장이 놀랐다. 소니 이사회는 대 찬성이었지만 모리타 회장은 소니 브랜드를 붙여서 판매하기를 요구하였지만 거절당하자 다른 거래처에 저렴한 가격으로 소니 상표로 판매하는 계약을 체결하였다. 이후 소니 라디오는 미국에서 선풍적으로 팔리면서 브랜드 또한 확고한 지위를 차지하고 대성공을 거두는 성과를 보았다. 모리타 회장의 확고한 비전과 목표에 따른 협상이 엄청난 성공과 수익을 가지고 오는 결과를 만들어 내었다.

한 회사의 협상팀이 협상을 성공적으로 잘 마무리했을 때 그 회사에 주는 금전적인 수익이 안건에 따라 차이는 있지만 상당한 규모가 될 것이다. 특허소송에서 협상을 통해 합의로 해결함으로써 애플과 퀄컴이 어마어마한 금전적 이익을 얻어낸 사례나 자사 브랜드를 붙여 제품을 판매하도록 협상으로 합의함으로써 소니가 폭발적으로 성장하게 된 사례는 바로 협상이 기업과 조직의 수익성에 얼마나 큰 역할을 했는지를 보여주고 있다.

4) 비즈니스관계 발전

넷째, 협상에 의한 바람직한 합의는 금전적 수익뿐만 아니라 당사자 상호 간의 비즈니스 관계를 회복하거나 유지 또는 발전시키는 중요한 역할을 한다. 양측이 이득이 되는 협상은 기존의 악화된 관계는 회복할 수도 있고 보통의 관계는 더 발전시킬 수도 있다.

협상에서 서로 극단적 주장으로 결렬되었다면 서로 관계가 나빠질 가능성이 높다. 또한 합의가 되었지만 한 쪽이 일방적으로 이기거나 상대방에 비해 지나치게 큰 차이의 이득을 얻는다면 상대방은 다시 협상을 하지 않으려 할 것이다. 반면 양측에게 더 많은 이득이 골고루 돌아가는 협상을 했을 때 양측은 유사한 협상을 다시 하고 싶은 마음이 생길 것이다.

미국의 거대한 소매상 체인인 자자스(Zazas)와 도매상이면서 물류업체인 로거서브(Loguserve) 간의 협상이야기를 들어보자.[4] 자자스와 로거서브는 20년 이상 함께 협력해 왔다. 그러다 최근에 둘 사이에 불신, 혐오, 긴장으로 서로 다투는 관계가 되었다. 자자스의 상품배열 원칙은 고객이 원하는 것은 무엇이든 판매대위에 올려놓는 것이다. 재고율 목표는 99%이고 판매대 위에 물건이 없는 것은 보기 드물다. 그러나 로거서브의 재고율 목표는 95%로 하여 낭비를 최소화하려고 하였다. 자자스는 배송이 제 시간에 오지 않거나 피크타임에 온다고 항상 불평하지만 로거서브는 배송 일정과 효율성을 극대화하기 위해 배송의 자유를 요구하였다. 또한 자자스는 로거서브가 의도적으로 잘못된 데이터를 제공한다고 비난하는 등 상호 불신이 커지게 되었고 서로 적대적인 관계로 변했다.

빈티지 파트너스(Vintage Partners)라는 협상컨설팅회사의 도움을 받아 관계를 회복하고 새로운 계약을 체결하기로 하였다. 결국 자자스는 로거서브의 이해관계를 충족시키는 많은 것을 해주었고 그 대신 자신이 원하는 모든 것을 얻어 내었다. 자신이 원하는 성과란 새로운 계약, 일률적 가격, 서비스수준의 개선, 5%를 제2공급자로 전환하는 것을 의미한다. 자자스와 로거서브가 불신의 관계를 회복하고 새로운 계약을 체결하도록 한 협상은 양 측의 관계 복원과 발전에 결정적 기여를 하였다.

5) 조직갈등해결 기여

다섯째, 기업의 조직 내 부서나 구성원 간에 발생하는 각종 갈등을 적절한 형태로 해결하거나 예방하는 방법으로서 협상은 기업의 효율성과 생산성을 높일 뿐 아니라 기업문화를 조화롭게 구축, 유지함으로써 기업의 가치와 경쟁력에 기여하게 된다.

SO전자회사는 가전업계에서 20년간 착실하게 발전해온 견실한 중견기업으로 SO 뉴론(Neuron)냉장고라는 브랜드를 붙여서 젊은 층을 겨냥하여 저렴한 가격으로 출시하였다. 그런데 간부회의에서 출시된 후 2개월의 판매실적이 저조한 원인에 대해 생산조립팀 A팀장과 판매마케팅팀 B팀장간에 있었던 논쟁과 다툼이 발생했다. 결국 K본부장이 나서서 양 팀장을 제지시켰고 사장은 다음 회의에서 대책방안들을 제출하도록 하고 회의를 종료시켰다. 생산조립팀과 판매마케팅팀 간의 갈등은 요즘 실적평가에 의한 연봉결정 때문에 자기 부서의 저조한 실적에 민감하기 때문이기도 하지만 양 팀장이 승진에 라이벌로서 상호 경쟁심이 발동했기 때문이기도 하였다.

K본부장은 각 팀이 자기 부서의 관점과 실적위주의 경쟁에 매몰되지 말고 회사차원에서 문제를 보도록 요청하였다. 생산조립팀은 부품과 성능의 우수성이 어디에 있는지 자세하게 설명하여 홍보전략에 활용하도록 준비하겠다고 하여 다음 뉴론냉장고 매출TF회의에서 발표하도록 결정하

였다. 마찬가지로 판매마케팅팀은 품질평가와 소비자 반응도 조사의 결과를 만들어 품질과 성능 보고서를 만들어 발표하겠다고 하여 수용되었다. A팀장과 B팀장 간의 개인적 갈등문제는 분명 조직효율성에는 영향을 미치는 문제라 K본부장은 이번 기회에 두 사람이 화해할 수 있도록 경비지원과 미션을 주었다.

이 사례에서 협상은 신형 뉴론냉장고의 매출저조라는 문제를 해결함으로써 기업의 매출과 수익에 기여할 뿐 아니라 두 팀장의 인간적 갈등을 해결함으로써 바람직한 기업문화를 조성하는 성과를 주고 있다.

3. 조직협상능력 개발전략

이렇게 협상이 수익과 비용 그리고 갈등해결 차원에서 회사와 조직에 매우 중요한 활동임을 고려한다면 기업의 역량으로서 협상능력을 키우는 노력이 필요하다. 협상은 지나가는 하나의 이벤트가 아니라 기업의 전략적 자원이다. 협상능력이야말로 기업의 경쟁력이 된다. 이 협상능력은 타고나는 것이 아니라 기업차원에서 개발할 수 있다.

1) 협상능력 구축 방안

Danny Ertell은 성공적인 협상능력 기업들을 분석한 결과 기업역량으로서 협상능력을 구축하기 위한 4가지 방안을 도출하였다.[5]

첫째, 과거 합의를 분석해서 얻은 지식을 미래 합의를 개선하는데 적용하는 기업수준의 협상 인프라를 구축해야 한다. 협상의 사례를 DB로 구축하고, 협상의 성공적 요소를 공유하고, 협상의 표준을 설정하고, 실제 협상 상황에 초점을 둔 협상훈련을 시키는 방안들을 사용할 수 있다.

둘째, 협상가의 성과를 비용과 가격의 문제를 넘어서 평가하기 위해 측정을 확대해야 한다. 협상에서 협상가는 절차를 잘 지켰는지, 상호신뢰관계를 만들었는지, 가치를 창조하는 협상이었는지 등을 평가요소로 고려해야 한다.

셋째, 협상에서 개별 거래의 요소와 진행 중인 협상당사자 상호관계의 성격은 명확히 구분해서 협상해야 한다. 관계를 유지하기 위해 가격을 할인해주는 또 다른 거래는 더욱 나쁜 협상관행과 관계손상을 초래할 수 있다. 관계형성과 발전은 가격할인이 아니라 가치의 창조와 신뢰구축에서 찾아야 한다. 토론의 범위 확대 -> 가치 있는 옵션 창출 -> 신뢰와 소통 증진 -> 이해관계 정보 공유 -> 상호이해 증진 -> 토론의 범위 확대라는 순환구조를 만들어야 한다.

넷째, 합의가 기업의 이익에 부합하지 않을 경우 협상가가 거래를 결렬시키고 철수함을 편안하게 느끼도록 해야 한다. 보통 협상이 결렬되면 그 협상을 실패라고 보는 경향이 있다. 협상가의 역할은 합의를 이끌어내는 것이 아니라 최선의 선택을 하는 것이다. 합의가 BATNA(Best Alternative to a Negotiated Agreement, 합의의 최선 대안)에 못 미치면 거래를 거부해야 하는데 이 결정은 실패가 아니라 성공이다.

2) HBS 조직역량 구축 방안

Harvard Business School(HBS)은 조직역량을 구축하기 위해 협상능력을 지속적으로 개선하고 그 협상능력을 기업의 조직역량(organizational capability)으로 전환해야 한다고 주장한다.[6]
협상능력을 지속적으로 개선하는 3가지 단계는 다음과 같다.
제1단계: 협상을 보편적 과정단계로 관리

제2단계: 협상의 과정과 결과로부터 학습하도록 조직

제3단계: 사후학습을 통해 미래 협상가들이 쉽게 전파하고 재사용(훈련과정, 체크리스트, 데이터베이스)

[그림 1-1] 협상과정과 사후학습 순환

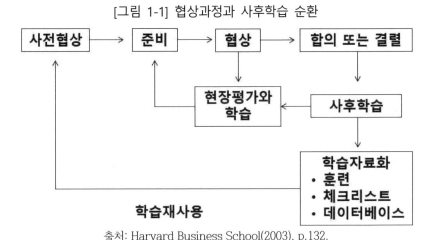

출처: Harvard Business School(2003), p.132.

HBS는 이러한 협상능력을 기업의 조직역량으로 전환하는 5가지 방법을 제시하고 있다.

1) 협상가에게 훈련과 체크리스트와 과거 교훈 같은 준비자원을 제공하라.
2) 합의에 대한 조직의 목표와 기대 및 협상의 결렬 시점을 명확히 하라.
3) 모든 협상팀은 BATNA를 개발하고 이를 개선하는 노력을 하도록 요구하라.
4) 이전 협상으로부터 교훈을 얻고 재활용하는 체계를 개발하라.
5) 협상성과측정을 개발하고 이를 보상으로 연계시켜라.

Competency 1. 인식역량

◆

기업의 전략자원으로서 협상의 중요성을 인식하라!

협상이 기업에게 주는 이점을 명확하게 파악해야 한다.

첫째, 협상은 기업의 갈등과 분쟁을 금전, 시간 절감형으로 해결하고 상대방과 우호적 관계를 구축하는 토대를 마련해준다.

둘째, 협상은 고도의 협상스킬을 통해 자신의 가치를 높여서 자신이 성공하는 협상의 결과를 얻게 해준다.

셋째, 협상에 의한 합의결과는 비용절감이나 수익을 가져다주고 나아가 회사의 생존과 발전에 큰 영향을 미칠 수 있다.

넷째, 협상에 의한 바람직한 합의는 당사자 상호 간의 비즈니스 관계를 회복하거나 유지 또는 발전시키는데 중요한 역할을 한다.

다섯째, 협상은 기업 내 갈등을 해결하거나 예방함으로써 기업의 생산성을 높이고 건전한 기업문화를 구축하는데 기여한다.

협상능력을 구축하기 위한 4가지 방안을 기억해야 한다.

첫째, 과거 합의를 분석해서 얻은 지식을 미래 합의를 개선하는데 적용하는 기업수준의 협상 인프라를 구축해야 한다.

둘째, 협상의 성과를 평가하는 측정에는 비용과 가격의 문제를 넘어서 협상절차, 상호신뢰관계, 가치창조, 윈윈결과 등의 요소들도 포함해야 한다.

셋째, 협상에서 개별 거래의 요소와 진행 중인 상호관계의 성격은 명확히 구분해서 협상해야 한다.

넷째, 합의가 기업의 이익에 부합하지 않을 경우 협상가가 거래로부터 철수함을 편안하게 느끼도록 해야 한다.

협상능력을 기업역량으로 전환시키는 5가지 가이드라인을 실천해야 한다.

1) 협상가에게 훈련과 체크리스트와 과거 교훈 같은 준비자원을 제공하라.
2) 합의에 대한 조직의 목표와 기대 및 협상의 결렬 시점을 명확히 하라.
3) 모든 협상팀은 BATNA를 개발하고 이를 개선하는 노력을 하도록 요구하라.
4) 이전 협상으로부터 교훈을 얻고 재활용하는 체계를 개발하라.
5) 협상성과측정을 개발하고 이를 보상으로 연계시켜라.

협상명언 1

**협상은 지나가는 하나의 이벤트가 아니라
기업의 전략적 자원이다!**

제2장 목표역량:

나는 어떤 협상을 원하는가?

비즈니스 상에서 일상적 협상이든 중요한 협상이든 협상을 앞두고 있는 협상가는 협상에서 무엇을 얻으려고 하는지, 상대방과 어떤 비즈니스 관계를 만들려고 하는지를 마음속으로 염두에 두고 있다. 내가 목표로 하고 원하는 협상은 상대방과 어떤 분위기로, 어떤 관계를 유지하면서, 어떤 결과를 원하는지를 설정하는 협상이다.

1. 협상의 결과

우선 협상의 결과를 한번 살펴보자. 앞 장에서도 설명을 하였듯이 협상의 결과는 패패(lose-lose), 승패(win-lose) 또는 패승(lose-win), 타협(compromise), 윈윈(win-win)의 4가지 결과가 있다. 패패는 협상당사자의 어느 쪽도 욕구나 소망을 달성하지 못했을 때 나타나는 결과이다. 2003년 6월 남캘리포니아 식품상업노동조합(UFCW)은 슈퍼마켓 체인인 랄프스(Ralphs)와 앨버천스(Albertsons)를 상대로 파업을 단행하였다. 슈퍼마켓들이 노조의 요구를 들어주지 않자 47,000명의 조합원이 파업하기로 찬성표를 던졌다. 2004년 파업이 끝났을 때 141일의 노동손실일, 150만 달러의 매출액 손실, 조합원 은퇴자 연금의 35% 하락이 발생하여 이 협상은 노동조합과 식품회사 모두 막대한 손실을 입는 패패 협상의 사례이다.[7]

승패나 패승은 협상의 한 당사자가 승리하고 다른 당사자는 패배하는 결과를 말한다. 예를 들어 재래시장에서 사과 10키로 한 박스가 3만원에 팔리고 있었는데 당신은 구매자로서 어렵게 협상하여 2만5천원에 한 박스를 샀다고 하자. 기분 좋게 집에 와서 그 다음 날 사과 박스를 개봉해서 먹기 시작했다. 넷째 날 박스를 옮기려다 보니 박스 아래쪽 사과들이 상당수 시들거나 썩은 부분이 있는 것을 알고 속았다는 생각이 들었다. 시일도 지났고 사과박스를 개봉하여 먹기 시작했기에 교환이나 환불도 되지 않아서 구매자는 협상에서 패하였다고 기분이 매우 나빴다. 반면 판매자는 품질이 좋지 않은 사과를 성공적으로 잘 팔았다는 승리감에 도취될 수도 있다. 그런데 구매자가 다음에 과일을 사려고 그 시장을 들러도 그 판매자에게는 다시는 사지 않고 다른 판매자에게 가게 된다면 두 사람 모두 패패의 결과를 가지게 된다. 구매자는 썩은 사과를 제 값에 샀기에 패했고 판매자는 고객을 잃었기에 패했다. 많은 경우 승패의 결과는 장기적으로 패패의 결과로 귀결될 가능성이 높다는 것을 알아야 한다.

어떤 협상가라도 어떤 협상결과였으면 좋겠느냐고 질문을 받았을 때 자신이 패하는 패승이나 패패를 원하는 사람은 아무도 없을 것이다. 이기려고 했지만 힘든 협상 끝에 상대에게 지는 패승이나 패패의 결과로 나타나는 것이지 처음부터 그걸 원했던 것은 당연히 아니다. 타협도 처음부터 원하는 결과라기보다 이기는 것을 원하고 있었는데 협상을 하는 과정에서 어쩔 수 없이 서로 조금씩 양보하여 합의에 이르는 결과이다. 만약 정말 처음부터 타협을 원하는 목표라고 한다면 타협을 하자는 제스처를 먼저 취할 수도 있다.

협상에서 이기는 것을 원한다고 했을 때 승패의 결과를 쉽게 생각할 수 있으나 상대에게 패를 안기면서 자신이 목표를 달성할 수 없을 때 어떻게 할 것인가. 경쟁에서 상대방을 일방적으로 이김으로써 자신의 목표를 달성할 수 없을 때 적당히 타협하는 방법도 있지만 상대방도 원하는 결과를 얻게 해주고 동시에 나도 원하는 결과를 얻는 윈윈의 묘수를 찾을 수도 있다.

윈윈을 처음부터 원하는 협상가는 몇 가지의 이유 때문에 윈윈을 생각했을 것이다. 첫째, 협상가의 성품이 선하기 때문에 상대를 이기기보다다 같이 행복한 결과를 희망하기 때문이다. 둘째, 상대방과의 관계가 중요하기 때문에 상대방이 원하는 결과를 얻을 수 있기를 희망하기 때문이다. 첫째와 둘째의 경우 충분한 윈윈스킬을 모를 경우에는 자신이 양보하고 상대가 이기는 패승의 결과가 될 수도 있는 위험성이 있다. 셋째, 윈윈스킬을 잘 아는 협상가가 전략적인 목적을 추구하기 때문이다. 윈윈이 가지는 많은 이점들을 생각할 때 협상가는 일방적 승리가 아니라 같이 승리하는 윈윈을 원할 수 있다.

동기가 어찌 되었던 윈윈은 모든 협상가들에게 있어서 이상적인 결과이다. 양 당사자들의 욕구와 목표가 충족되어 긍정적인 느낌으로 협상을 마무리 하고 서로 다시 협상할 마음을 가진다. Stark & Flaherty는 협상 워크숍에서 참가자들이 윈윈의 결과를 만들어 냈다는 것을 알게 되었을 때 그들이 흥분하고 있음을 발견하게 되었다고 회고하였다.[8]

2015년 7월 15일 버락 오바마(Barak Obama) 대통령은 이전 대통령들이 50년간 시도해서 실패한 쿠바와의 협상을 성공시켜 윈윈의 결과를 얻었다. 오바마와 라울 카스트로(Raul Castro)는 1950년대 말 피델 카스트로(Fidel Castro)가 쿠바에서 공산주의 혁명 후 냉전 중인 미국과 쿠바 간의 정상화 외교관계를 재개하기로 합의하였다. 오바마 대통령은 자신의 협상팀을 이끌면서 18개월 동안 쿠바와 비밀 협상을 추진해온 결과 성공적인 윈윈협상을 만들어내었다. 양국은 죄수들을 맞교환하고, 여행과 무역의 제한을 완화하고, 쿠바는 국제적십자 가입과 인권과 감옥조건

에 대한 미국요청을 수용하였다.[9]

왜 50년간 협상은 실패하였고 오바마 대통령은 원원협상을 성공시켰을까? 미국이라는 초강대국 턱 밑에서 작은 섬나라 쿠바가 공산화를 함으로써 미국의 자존심을 건드렸고 힘에 있어서는 비교도 안 될 정도로 격차가 커서 그 동안 미국이 일방적으로 이기는 협상을 원했기 때문에 협상이 결렬되었을 것이다. 상대가 원하는 것을 가지도록 하면서 협상하고 싶은 마음이 없었을 것이다. 그러나 오바마 대통령은 상호 존중과 원원의 정신으로 협상에 임하면서 성공적인 외교관계를 복원할 수 있었다. 그래서 어떤 상황에서 어떤 협상을 원하느냐에 따라 협상이 성공하거나 실패할 가능성이 커질 수 있다.

원원의 협상결과에서 재미있는 현상은 약간의 변이가 있을 수 있다는 점이다. 당사자들이 서로 협력하여 원원의 결과를 만들어내지만 분배에서 경쟁적으로 자신의 몫을 더 많이 차지하려는 WIN-win(대문자는 더 큰 승리)의 결과로 분류하고 있다. 이 WIN-win, 즉 큰 윈과 작은 윈은 협력적 마인드와 경쟁적 마인드를 동시에 다 가지고 있는 협상가들의 차별적 결과인 것으로 Craver는 설명하고 있다.[10] WIN-win 협상가, 즉 경쟁적 문제해결 협상가(Competitive Problem-Solving Negotiators)는 자신이 원하는 것을 얻고 난 다음에 상대방의 몫을 극대화하는데 도움을 주는 협상가들이다. 그들은 전체 이익을 더 많이 창조해낼수록 자신을 위한 더 많은 몫을 요구할 수 있다고 믿고 있기 때문에 단순한 협력적 협상가보다 전체 이익 창조에서 더 효율적이라고 볼 수 있다.

2. 상대방과의 관계

협상의 결과를 어떻게 가져갈 것인가를 결정하는 것에 못지않게 상대방과의 관계를 어떻게 만들어 갈 것인가도 협상의 목표를 정하는데 매우 중요하다. 상대와의 관계 목표를 3가지로 정리하면 다음과 같다.

상대방과의 관계는 중요하지 않다. 협상의 단기적 결과만 중요하다.

=> 승패

상대방과의 장기적 관계가 중요하므로 단기적 결과를 희생한다.

=> 패승

상대방과의 장기적 관계가 중요하지만 단기적 결과도 중요하다.

=> 윈윈

협상을 시작하기 전에 상대방과의 관계는 중요하지 않고 성공하는 협상결과를 얻으면 된다는 생각을 할 수도 있고 협상결과가 만족스럽지 못해도 장기적인 관계를 중요하게 생각할 수도 있다. 마치 좋은 관계를 만들기 위해서는 단기적 협상결과를 희생해야 하는 것처럼 공식화하는 것이다. 그러나 장기적인 관계가 중요하다고 해서 단기적 결과를 희생할 필요는 없다. Weiss도 장기적인 관계를 유지하면서 단기적 이해관계를 충족시킬 수 있으며 이는 쉽지는 않지만 가능하다고 주장하고 있다.11)

협상에서 관계의 중요성을 언급한 Jeswald Salacuse의 논지를 살펴보자. 협상에서 관계는 심리적, 경제적, 정치적 또는 개인적 측면에서 인지된 상호연결이다. 관계의 토대가 무엇이든 숙련된 협상가와 같은 현명한 지도자는 강력한 연결을 촉진하기 위해 노력하고 있다. 왜냐하면 효과적인 리더십이 강력한 연결에 의존하기 때문이다. 그래서 Salacuse는 긍정적 협상관계는 온화하고 솜털 같은 느낌을 만들기 때문이 아니라 상대방으로부터 바람직한 행동을 확보하는 핵심적 수단으로서 신뢰를 만들기 때문에 중요하다고 주장한다.12)

협상에 따라 사실 관계가 별로 중요하지 않을 경우도 있다. 그럴 경우 협상결과를 위한 충실한 협상을 전개해 가면 된다. 협상가는 자신이 판단했을 때 상대방과의 관계가 중요하다고 판단되면 더 신중하게 접근해야 한다. 상대방과 관계가 중요하다고 단기적 결과를 희생하는 것은 특별한 경우에 하고 습관적이지 않도록 조심해야 한다. 단기적 협상결과를 희생하지 않으면서 장기적 관계를 발전시켜 나가기 위해서는 윈윈협상의 마인드로 접근하고 자신 뿐 아니라 상대방의 욕구를 충족시키는 솔루션을 찾아야 한다. 어떤 경우에도 관계를 손상시키는 마인드를 가지거나 제안을 해서는 아니 된다. 장기적 관계에 투자를 할 때 협상은 더 쉬워질 것이고 더 큰 이익을 얻을 것이다.

William Ury는 "관계를 투자하는 것은 선의(goodwill)라는 은행에 저축하는 것과 같다. 당신이 그 은행에서 인출을 필요로 할 때가 있을 것이다. 당신이 강한 관계를 가지고 있다면 매우 중요할 때 예금에서 인출할 수 있을 것이다."라고 인터뷰에 응답한 적이 있다.[13]

Salacuse는 협상에서 관계를 구축하는 스킬로서 4가지를 소개하고 있다.[14]

1) 협상에서 장기적 관계를 구축하기 위해서는 협력적으로 협상하고 양측에게 이익을 주는 합의를 만들어라!

2) 협상에서 관계는 질문하고 주의 깊게 들음으로써 구축하라!

3) 상대방의 이해관계를 평가하기 위해서는 질문하고 들음으로써 시작하라!

4) 듣는 스타일을 충분히 공감적으로 유지하면서 정직한 반응을 끌어내라!

한편 로버트 액설로드(Robert Exelrod)는 협력의 진화가 일방적으로 발전될 수 없음을 강조하고 있다. 그래서 그는 팃포탯(Tif for tat), 즉 맞대응을 함으로써 협력을 동반 발전시켜야 한다고 주장한다. 팃포탯은 간단히 말하자면 첫 게임에는 협력하고 그 다음부터는 항상 상대가 바로 전에 한 대로 하는 전략이다. 먼저 상대에게 협력해보고, 절대 먼저 배반하지 않으며, 상대의 협력에는 반드시 협력으로 대응하며, 상대의 예상치 않은 배반은 즉각 응징할 것, 상대의 배반은 한 차례의 응징 후 용서할 것, 상대가 나의 행동 패턴에 적응할 수 있도록 행동을 명확하게 할 것을 주문하고 있다. 앞으로 충분히 오랜 기간 동안 함께 거래할 상대라면 호혜주의에 입각해서 팃포탯 전략을 쓰는 것이 가장 이득이라고 액설로드는 결론내리고 있다.[15]

협력의 진화가 전쟁 중에도 적용되는 재미있는 사례를 볼 수 있다. 1차 세계대전 당시 '크리스마스 휴전 이야기'를 소개해보자. 1914년 1차 세계대전 당시 프랑스지역에서 영국군과 독일군이 참호를 파고 몇 백 미터 앞에 대치하여 오랜 살육전투를 하면서 모두 지쳐가고 있었다. 그 해 크리스마스 날 참호 속에서 양쪽 병사들은 서로 크리스마스 캐롤을 부르면서 조촐하게 행사를 치렀다. 독일 측 캐롤송은 참호를 넘어서 영국 측의 참호에까지 전달되었고 독일 측 참호 위에 크리스마스 트리를 올려놓기 시작하였다. 독일병사가 용기 내어 작은 크리스마스 트리를 들고 참호 밖으로 올라왔는데 영국군은 아무도 그를 쏘지 않았다. 이를 발단으로 양측 수많은 장병들이 비무장 상태로 참호 밖으로 올라왔다. 대치선의 한 가운데에서 서로 악수하고 포옹하고 담소를 나누었다. 참호 속 시체들도 서로 수습할 수 있었다. 영국군과 독일군이 서로 적군으로 협력을 할 리가 만무한데 크리스마스 날만은 휴전하고 조금씩 협력의 신호를 보내 시체수습과 크리스마스 축하인사를 할 수 있었다.

3. 협상에서 감정

내가 원하는 협상으로 어떤 결과를 목표로 할 것인가, 어떤 관계를 희망할 것인가를 결정했다면 어떤 감정을 불어넣을 것인가를 결정해야 한다. 감정이 성공적 협상에 걸림돌이 되어서는 안 되고 그 수단이 되어야 한다. 감정이 협상에서 중요한 역할을 하기 때문에 협상가는 협상테이블에서 감정을 효과적으로 사용하는가를 신경 써야 한다. 자신의 감정을 잘 관리하는 것도 중요하지만 상대방의 감정을 관리하도록 요청하고 감정이 압도하거나 성공에 방해가 되어서는 안 되도록 해야 한다.

이제 성공하는 협상 그리고 협상의 목표 달성을 위해 필요한 감정(Emotion)을 살펴보도록 하자.[16] 전통적으로 협상가는 협상과정에서 자신의 감정을 숨겨야 한다는 것이 정설이었다. 마음을 고요하게 하고 쟁점에 대해 말을 하라는 것이었다. 마치 포커페이스로 카드게임을 하듯이. 합리적인 주장인 듯하지만 그렇게 하기가 어렵다. 왜냐하면 사람은 논리적인 동시에 감정적인 동물이기 때문이다. 그리고 감정을 빼고 협상을 하는 것이 능사인가도 검토해보아야 한다.

감정이 협상의 과정과 결과에 영향을 미친다는 주장은 학자와 전문가들이 공감하고 있다.[17] 협상에서 상호 거래와 소통에서 발생하는 협상적인 통합적 감정(integral emotions)뿐 아니라 협상과 상관없이 발생하는 개별적 우연한 감정(incidental emotions)도 협상에 영향을 미치게 된다.[18] 예를 들어 협상을 할 때 상대방의 제안에 화를 내면서 반응을 한다면 이것은 통합적 감정이고 택시를 타고 협상장소로 가면서 택시기사와 크게 다투어 협상에서 나쁜 기분으로 짜증을 내면서 협상을 하게 되면 이것은 우연한 감정이다.

우리가 느끼는 감정은 수없이 많아서 일률적으로 말하기는 어렵고 학자마다 수많은 학술과 분류를 제안하고 있어서 가장 기본적인 감정분류를 한 Paul Ekman의 6가지 감정을 소개한다. [그림 2-1]에서 분노(anger), 혐오(disgust), 두려움(fear), 행복(happiness), 슬픔(sadness), 놀람(surprise)이 바로 에크만이 얼굴모습에서 발견한 6가지 감정이다.[19]

[그림 2-1] Ekman의 감정의 종류

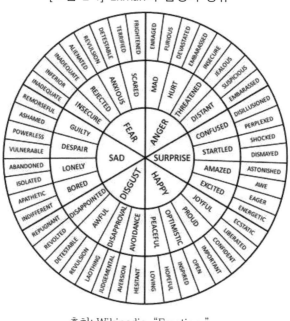

출처: Wikipedia, "Emotion."

[그림 2-2]는 Ekman-Friesen의 6가지 감정이 드러난 얼굴모습을 실제 표정으로 나타낸 형상이다. 여섯 명의 다른 사람이 각자의 주어진 감정을 얼굴에 나타내게 한 흥미로운 모습이다. 얼굴만 보아도 어떤 감정인지 쉽게 알 수 있다.

그 이후에 많은 학자들이 감정의 분류를 발전시켰으나 Ekman의 분류를 계승, 발전시켰지만 간명한 감정 설명을 위해 생략한다.[20] 감정을 주제로 한 영화 "인사이드 아웃"에서도 Ekman의 6가지 기본 감정을 사용하고 있다. 이 중 분노, 혐오, 두려움, 슬픔은 부정적 감정이고 행복(기쁨, joy)은 긍정적 감정에 해당한다. 놀람은 긍정적인 감정(황홀한, 활기찬, 쾌활한)과 부정적인 감정(불안한, 초조한)을 포함하고 있어서 단정 지을 수는 없다. 그래서 인사이드 아웃에서는 놀람을 빼고 분노, 혐오, 두려움, 슬픔, 기쁨의 5가지 캐릭터를 등장시키고 있다.

[그림 2-2] 폴 에크만의 6가지 감정의 얼굴표정

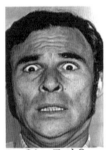 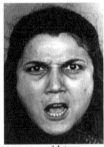 

Fearful 두려움   Angry 분노   Sad 슬픔

  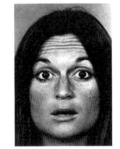

Happy 행복   Disgusted 혐오   Surprised 놀람

출처: Lawrence, Campbell and Skuse(2015)

Shapiro는 부정적 감정(negative emotions)은 경쟁적 협상에서 단기적으로 원하는 성과를 얻을 수 있지만 장기적 관계를 손상시키고 미래 갈등의 씨앗이 되기도 하며 창의적 활동을 하지 못하도록 작동한다고 주장한다.[21] 이와 반대로 긍정적 감정(positive emotions)은 창의적 협상이 가능하도록 하고 특히 윈윈 협상에서 필요한 감정이라고 한다. 긍정적 감정이 협상에서 좋은 영향을 미치는 이유는 창의성을 증가시키고 참여하는 팀이나 조직이 긍정적 느낌을 갖도록 촉진하기 때문이다.[22]

부정적 감정과 긍정적 감정이 어떤 협상에 적절한지는 감정이 어떤 효과를 나타내는지 협상요소별로 식별해보면 더욱 선명해진다. <표 2-1>에서 보면 협상의 요소에는 관계, 의사소통, 이해관계, 옵션, 합법성, BATNA, 합의/약속이 있는데 부정적 감정과 긍정적 감정이 각각 요소별로 어떤 효과를 내는지 기술하고 있다.

<표 2-1> 협상에서 감정의 효과

협상 요소	부정적 감정 효과	긍정적 감정 효과
관계	불신과 긴장관계	협력적 효과적 관계
의사소통	제한적 대립적 의사소통	개방적 쌍방적 의사소통
이해관계	이해관계 무시; 극단적 요구; 인색한 양보	상호관심 청취와 학습
옵션	두 가지 옵션: 내 입장/상대 입장 상호이익 옵션 가능성에 의심	이해관계 충족 다수옵션 창출 상호이익 옵션 창출에 낙관적
합법성	내가 옳고 상대가 틀린 이유에 대해 의지의 싸움	옵션선택에 설득력 있는 기준 사용
BATNA	내 BATNA 나빠도 결렬시킴	BATNA보다 낫다면 최선 선택
합의/약속	합의 부재, 불확실한 약속, 후회	현실적 의무사항 합의, 지지

출처: Fisher, Roger and Daniel L. Shapiro (2006), Beyond Reason: Using Emotions as You Negotiate, Harvard Negotiation Project.

부정적 감정은 관계에 불신과 긴장관계를 초래하고 대립적 의사소통을 만들어내고 이해관계를 무시하며 극단적 요구를 하고 있다. 또 부정적 감정은 나의 입장과 상대의 입장만 있는 두 가지 옵션만 존재하고 상호이익의 옵션 가능성에 대해 의심을 주고 있고 내가 옳고 상대가 틀렸다는 이유에 대해 악착같이 싸우게 된다. 또 부정적 감정은 나의 BATNA가 나빠도 결렬시키려 하고 약속이 불확실하며 합의했거나 안했거나 후회하도록 한다. 그래서 부정적 감정은 경쟁적 협상에 흔히 사용되는 감정임을 알 수 있다.

반면 긍정적 감정은 협력적 효과적 관계를 만들고 개방적 쌍방적 의사소통을 만들고 상호관심을 청취하고 학습하도록 한다. 또 긍정적 감정은 이해관계를 충족시키는 다수의 옵션을 창출하고 상호이익 옵션 창출에 낙관적이고 옵션선택에는 설득력 있는 기준을 사용하도록 한다. 또 긍정적 감정은 BATNA보다 나은 옵션이 있다면 선택하고 현실적 의무사항에 합의하고 지지를 보내는 역할을 한다. 그래서 긍정적 감정은 협력적 협상에서 사용하기에 적합한 감정임을 쉽게 알 수 있다.

상대방이 감정을 통제하고 협력적으로 협상에 임하도록 하기 위해서는 보다 긍정적인 마인드를 가지고 긍정적인 언어를 구사하여 분위기를 유도하는 것이 필요하다. Shapiro와 Leary, Pillemer and Wheeler의 연구에서 보듯이 창의적인 윈윈협상을 원한다면 긍정적 감정을 가져야 할 것이다.

Competency 2. 목표역량

내가 원하는 협상이 무엇인지 결정하라!

어떤 협상의 결과를 원하는지 결정해야 한다.
제1질문, 상대방을 이겨야 내가 원하는 결과를 얻을 수 있으므로 승패의 결과를 기대하는가?
제2질문, 상대방도 원하는 것을 얻을 수 있도록 도와주고 내가 원하는 결과를 얻는 윈윈의 결과를 기대하는가?
제3질문, 상대방과 경쟁은 싫고 중간적인 타협으로 협상을 종결하기를 기대하는가?
제4질문, 상대방의 태도에 따라 유연하게 대처하며 원하는 결과를 얻기를 기대하는가?

상대방과 어떤 관계를 원하는지 결정해야 한다.
제5질문, 장기적 관계를 손상시키더라도 협상의 결과가 중요한가?
제6질문, 협상의 결과가 어떻게 되더라도 장기적 관계를 고려해야 하는가?
제7질문, 성공하는 협상 결과도 얻고 장기적 관계도 유지해야 하는가?

나의 감정을 어떻게 관리해야 하는지 결정해야 한다.

　제8질문, 감정을 최대한 자제하고 이기는 공격과 방어를 할 것인가?

　제9질문, 풍부한 감정으로 상대방을 공감하고 인정하고 협력할 것인가?

　제10질문, 상대방 감정에 대해 어떻게 대처할 것인가?

협상명언 2

내가 원하는 협상은 원하는 집을 설계하는 것과 같다!

제3장 전략역량:

성공하는 협상은 어떤 전략으로 가능한가?

목표역량에서 자신이 원하는 협상을 설정하였다면 그 협상을 어떤 전략으로 전개해서 성공할지를 계획해야 한다. 협상한 결과의 성과가 얼마나 중요한지, 상대방과의 관계가 얼마나 중요한지, 감정적 분위기를 어떻게 만들어야 할지에 따라 협상전략을 세우고 추진해야 할 것이다.

협상의 전략은 갈등관리 전략에서 응용, 발전되어 왔다. 갈등관리 전략은 토마스킬만(TK) 갈등관리모형(Thomas-Kilmann Conflict Mode)에 기초하고 있는데 자신에 대한 관심(Assertiveness, 독단성)과 타인에 대한 관심(Cooperativeness, 협력성)의 결합 정도에 따라 5가지의 갈등관리 스타일이 만들어진다.[23] TK 갈등관리모형은 Blake와 Mouton의 관리격자모형(Managerial Grid Model), 즉 인간에 대한 관심과 생산에 대한 관심을 결합한 5가지 리더십스타일의 관리격자모형을 응용한 모형이다.[24]

Lewicki, Hiam & Olander는 TK 갈등관리모형에서 발전시켜 성과와 관계의 LHO 협상전략모형을 개발하였다.[25] 이 협상전략모형에서 성과(outcome)는 갈등관리모형의 자신에 대한 관심을 대체하였고 관계(relationship)는 타인에 대한 관심을 대체하였다.

[그림 3-1[은 Lewicki, Hiam & Olander가 개발한 LHO 협상전략모형인데 그 전략 명칭은 TK 갈등관리모형에서 사용한 전략 명칭을 그대로 사용하였다. 종축은 성과의 중요성을 나타내고 횡축은 관계의 중요성을

나타낸다. 원래 LHO 협상전략모형에서는 종축이 관계의 중요성을 나타
내고 횡축이 성과의 중요성을 나타낸 것으로 표기되어 있으나 TK 갈등관
리모형과 비교하기 쉽고 관계는 평등이라는 개념도 있어서 서로 축을 바
꾸어 그림을 그렸다. 성과의 중요성과 관계의 중요성이 모두 낮으면 회피
전략, 성과의 중요성은 높으나 관계의 중요성이 낮으면 경쟁전략, 반대로
성과의 중요성은 낮으나 관계의 중요성이 높으면 수용전략을 사용하게
된다. 성과의 중요성과 관계의 중요성이 모두 높은 경우에는 협력전략을
사용하고 성과의 중요성과 관계의 중요성이 중간 정도가 되는 경우 타협
전략을 사용한다.

[그림 3-1] LHO 협상전략모형

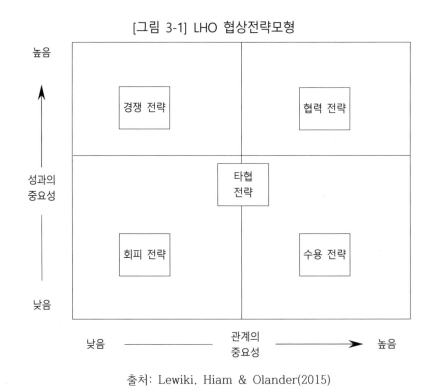

출처: Lewiki, Hiam & Olander(2015)

1. 회피전략(Avoiding Strategy)

회피전략은 성과와 관계의 중요성이 모두 낮을 때 선택하는 전략이다. 왜 회피전략을 선택할까? 협상은 시간과 돈과 관계적 측면에서 비용이 발생하고 힘든 과정이므로 피하고 싶은 심정이 있다. 회피전략을 택하는 사람은 협상을 시간낭비라 생각하거나 할 가치가 없다고 생각한다. 자신의 욕구가 협상 없이 충족될 수 있다고 느낄지도 모른다. 이 협상가는 성과는 가치가 낮고 관계는 성과를 통해 개발될 만큼 충분히 중요하지 않다고 생각하기 때문에 어떤 행동을 취하지 않고 협상을 거부하려고 한다.

만약 상대방이 협상을 원하는데 이 쪽이 협상을 회피한다면 관계에 부정적 영향을 미친다. 협상을 원하는 상대방을 화나게 하지 않을 적절한 방법으로 과정에 대해 반대를 하지 않거나 아예 나타나지 않는 태도를 취할 수도 있다. 상대가 협상을 요구할 때 관계를 유지하는 것이 중요하면 수용전략으로 전환할 수도 있다. 또한 협상의 강력한 대안이 존재할 경우에도 회피전략을 선택할 수 있다. 예를 들어 마음에 드는 두 개의 아파트 중 하나를 구매하려고 할 때 1라운드에서는 가격이 높다거나 주인이 딱딱하다고 생각하면서 구매협상을 하지 않으려고 할 것이다.

2. 경쟁전략(Competitive Strategy)

경쟁전략은 협상을 생각할 때 흔히 취하는 전략이다. 협상의 성과가 관계보다 더 중요할 경우 경쟁전략을 선택한다. 경쟁전략은 성과를 얻지만 관계를 손상할 수 있다는 의미에서 win to lose (승리에서 실패로)

전략이라고도 한다. 경쟁전략의 목표는 단기적 성과를 최대한 많이 차지하려는 것이고 장기적 결과나 관계는 별 관심이 없는 것이다. 관계가 별로 중요하지 않은 경우는 다음과 같은 4가지 중 하나일 수가 있다.[26)

1) 미래 관계가 없는 한 번의 협상인 경우
2) 미래 관계가 중요하지 않을 협상인 경우
3) 관계는 존재하지만 시작하기엔 안 좋은 협상인 경우
4) 상대방이 힘든 협상을 하거나 부정직하다는 평판이 있어서 방어적인 협상을 해야 할 경우

경쟁전략을 사용할 때 중요한 요소는 교섭범위(bargaining range)인데 이는 시작점(starting point), 목표(target), 종결점(ending point)으로 구성되어 있다. 시작점은 당사자들이 협상을 시작하는 지점으로서 서로 다르다. 차량 구매협상에서 구매자는 낮은 시작점을 가지지만 판매자는 높은 시작점을 가진다. 종결점은 더 이상 협상을 하지 않은 최저선 또는 최대양보선이다. 상대방의 종결점은 보통 알려져 있지 않다. 협상이 결렬되면 상대방의 종결점은 근접해 있다는 것을 알게 되고 협상이 타결되면 상대방의 종결점은 알 수가 없다. 종결점이 서로 겹치는 영역은 합의가 가능한데 합의가능영역(zone of possible agreement, ZOPA)이라고 한다.

협상이 결렬될 때 취할 수 있는 대안이 매우 중요하다. BATNA는 협상 합의에 대한 최선의 대안(the best alternative to a negotiated agreement)이다. BATNA는 협상의 영역 내에서 존재하는 것이 아니고 협상 밖에서 추구할 수 있는 대안이다. 합의를 할지 말지를 결정하는 잣대로서 BATNA를 이용하기도 하지만 협상 중에 상대를 압박하기 위해 자신의 BATNA를 택하고 협상을 철회할 수도 있다고 말할 수도 있다. 그래서 BATNA는 협상의 파워를 결정하는 중요한 요소가 되기도 한다.

3. 수용전략(Accommodating Strategy)

수용전략은 관계가 성과보다 중요할 때 사용되는 전략이다. 수용전략을 선택하는데 두 가지 이유를 생각해볼 수 있다. 첫째, 상대방과의 관계를 구축하거나 강화하는데 집중할 경우에 수용전략이 필요하다. 상대방이 원하는 것을 준다면 상대방이 행복해 할 것이기 때문에 성과에 집중하지 않고 양보하게 된다. 둘째, 미래에 상대방으로부터 어떤 것을 원할 수도 있기 때문에 현재에 수용전략이 필요하다. 미래에 더 나은 성과를 얻기 위해 현재 상대방이 선호하는 것을 주게 된다. 말하자면 장기 이익을 위해 단기 손해를 감수하는 것이다.

회사에서 한 근로자는 미래에 더 좋은 평가, 급여인상, 승진을 기대하면서 상사와 좋은 관계를 가지기를 원할 수도 있다. 이 때 근로자는 수용전략을 선택하여 현재 급여인상을 요구하지도 않고 내년에 승진과 급여인상을 기대할 수도 있다. 또 관리자가 다음 주에 프로젝트에 과중한 업무가 주어지게 되는 부하에게 지금 당장 추가적인 업무를 시키지 않고 그 일을 해낼 다른 사람을 찾을 수도 있다.

수용전략이 미래의 관계를 위해 현재 양보를 택하는 전략인데 습관적으로 계속되면 양보스타일로 고착화가 될 수도 있다. 이 경우 상대방은 경쟁전략을 선택하여 당신을 이용하려고 할 수도 있다. 그래서 이러한 문제를 극복하기 위해 자신의 손실을 잘 관리하도록 해야 하고 전략도 수정, 보완해야 한다.

수용전략은 협상에서 공식적인 전략으로 고려되지 않은 경향이 있다. 그러나 정말 수용전략이 필요할 경우에는 선택해야 할 전략이다. 예를 들어 성과가 자신에게 별로 중요하지 않거나 성과를 추구하는 것이 지나친 긴장과 적대감을 초래한다면 수용전략이 필요하다. 자신의 주요 목표가 관계를 개선하는 것이라면 수용전략이 또한 필요하다. 또한 협상 중에 자신이 더 이상 상대방을 압박하여 해결해야 할 필요가 없는 상황에 도달하면 수용전략으로 전환할 수도 있다.

4. 협력전략(Collaborative Strategy)

협력전략은 양 당사자들이 성과와 관계를 모두 똑 같이 중요하게 생각할 때 취하는 전략이다. 영어로 cooperative 또는 win-win 전략이라고도 표현된다. 경쟁전략에서는 목표가 상호 배타적이고 한 쪽이 이기지만 협력전략에서는 양 쪽이 모두 이득을 얻을 수 있도록 목표를 추구하는 방법을 찾게 된다. 양자 간의 관계는 유지되어 왔으며 이미 주고받는 역사가 있기도 하고 서로 신뢰하고 함께 일할 수 있다고 믿고 있다. 그리고 협력전략은 특별한 성과와 관계를 위한 장기목표를 수립하기를 원할 때 시작되는 경향이 있다. 예를 들어 적자에 시달리는 한 기업이 비용절감을 해야 하는 상황에서 각 부서는 협력적으로 일해야 하고 각 부서별로 예산을 절감해서 흑자로 돌아서도록 노력해야한다면 협력전략이 필요하다.

협력전략이 성공하기 위해서는 양 당사자들이 협력전략을 사용할 의지가 있어야 한다. 한 쪽만 협력전략을 사용하고 다른 쪽은 다른 전략을 사용한다면 최적 성과를 달성하지 못하고 관계도 유지하기 힘들 수 있다. 협력전략은 한 조직 내에서 특별히 잘 적용될 수 있다. 왜냐하면 양 당사자들은 공동의 기반을 가지고 같은 고객, 같은 공급자, 같은 서비스인력을 가지고 있어서 그들은 협력하는 관계를 구축할 수 있기 때문이다.

협력전략에서는 소통을 개방적이고 정확하도록 해야 한다. 이와 반대로 경쟁전략에서는 당사자들이 서로 불신하고 상대방이 유리하지 못하도록 정보를 보호하게 된다.

만약 협상이 집단적으로 이루질 경우 협력전략은 그 협상그룹 구성원들로부터 지지를 받아야 한다. 구성원들은 협상대표들이 공동의 기반을 찾는데 신뢰하고 지지해주어야 한다. 반면 경쟁전략에서는 구성원들이 협상대표를 압박하여 미래 관계와는 상관없이 얻을 수 있는 모든 것을 얻고자 한다.

협력전략을 성공시킬 수 있는 세 가지의 중요한 요소는 상대방의 목적과 욕구(goals & needs)를 이해하는 것, 자유로운 정보의 흐름을 위해 자발적인 정보(volunteer information)을 제공하는 것, 양 측의 욕구를 충족시키는 공동 목표의 충족(achieving mutual goals)을 찾는 것이다. 경쟁전략에서도 상대방의 목적과 욕구를 이해할 수도 있는데 이는 자신의 전략을 개발해서 상대방을 유리하게 공격 또는 방어하기 위한 것이다. 협력전략에서 상대방의 목적과 욕구를 이해하려는 것은 자신의 목적 달성 뿐 아니라 상대방의 목적 달성과 욕구 충족을 위한 것이다. 정보를 자유롭게 흐르게 하기 위해서는 양 당사자들이 정보를 자발적으로 스스로 제공해주어야 한다. 그 정보는 가능한 정확하고 포괄적이어야 한다. 그래서 양 당사자들은 쟁점, 문제, 우선순위 및 상대방의 목표를 이해할 필요가 있다. 마지막으로 상대방의 말을 경청함으로써 서로를 만족시키는 상호 목표를 달성하도록 노력해야 한다. 이를 위해 상호 차이점은 최소화하고 유사점은 강조해야 한다.

협력전략을 어렵게 하는 다음의 장애요소들도 이해하는 것은 중요하다.[27)]

-한 당사자가 협력의 가능성이 있음을 보지 못한다.
-한 당사자는 자신의 목적을 성취하는 것에만 몰입한다.
-한 당사자가 역사적으로 경쟁적이었고 이 행동은 변하기 힘들다.
-한 당사자가 상대방이 경쟁적이라고 기대하고 이에 기초해 협상을 준

비한다.

-한 당사자가 경쟁적인 것을 원하고 자신의 행동을 합리화한다.

-한 당사자가 경쟁전략을 선호하는 유권자에 책임져야 한다.

-한 당사자가 협력적 쟁점을 찾을 시간을 가질 의사가 없다.

5. 타협전략(Compromising Strategy)

타협전략은 대부분의 협상 상황이 혼합되어 있을 경우에 나타난다. 말하자면 어떤 협상 요소는 성격상 경쟁적이고 다른 요소는 협력적으로 접근할 수 있는 상황이다. 관계도 어느 정도 중요하고 성과도 어느 정도 중요하는 상황에 타협전략을 선택하게 된다.

타협전략은 모든 협상에 가장 무난한 전략으로 생각될 수도 있다. 양당사자들은 수용전략이나 경쟁전략보다 더 어떤 것을 얻게 되고, 회피전략보다 더 어떤 것을 얻게 되지만, 협력을 위해 의도적인 노력을 요구하지 않기 때문에 타협전략을 선호한다.

예를 들어 노동조합과 공장대표(그들의 관계는 보통 경쟁적이다)는 제조시설을 건립하는 비용을 부담해야 한다면 이를 성취할 적절한 방법을 찾고자 한다. 노동조합은 해고를 피하고 싶고 회사는 임금동결을 제안할 수도 있다. 그래서 두 당사자는 소폭 임금인상을 수용하는 대신 해고를 하지 않고 자연감원 정도의 고용감소로 상쇄함으로써 타협전략이 선택될 수 있다.

협상가들은 보통 타협을 계획하면서 시작하지 않지만 타협은 수용가능한 차선 선택으로 고려한다. 이렇게 차선의 대안으로 타협을 선택하는 3가지 이유가 있다.[28]

① 진정한 협력전략이 가능하지 않아 보인다. 진정한 원원이 너무 복잡

하거나 어려워 달성될 수 없다고 한 쪽이나 양측이 생각하고 있다. 또는 관계가 이미 손상되어 좋은 협력을 하기 어렵다.

② 당사자들이 협력에 도달하기에 필요한 시간이나 다른 중요 자원이 부족하다. 타협이 신속하고 효율적이다. 달성한 성과의 질적 측면에서 차선이지만 성과와 시간 간의 대체관계가 있어서 질보다 시간을 선택하게 한다.

③ 양 당사자는 성과와 관계에서 어떤 것을 얻으며 어떤 것도 잃지는 않는다. 경쟁은 관계를 희생으로 성과를 얻고 양보는 성과를 희생으로 관계를 얻지만 타협은 성과와 관계 측면에서 어떤 이득을 얻게 된다.

6. 감정관리 전략(Emotion Control Strategy)

성과와 관계의 중요성에 따른 상기 5가지 전략, 즉 회피, 경쟁, 수용, 협력, 타협전략이 성공하기 위해 감정은 어떻게 관리해야 하는가? 감정이 협상전략을 그르치지 않도록 또는 감정이 협상전략을 성공할 수 있도록 관리하는 것도 협상가들이 고려해야할 보충적 전략이다.

협상에서 감정을 관리하기 위해서는 2장에서 살펴본 부정적 감정과 긍정적 감정을 조절할 필요가 있지만 동시에 감정을 강하게 표현할 것인지 약하게 표현할 것인지도 살펴볼 필요가 있다. Gal Sheppes는 외부의 부정적 감정의 강도(intensity)가 높으면 감정진행을 차단하는 이탈 산만(disengagement distraction)을 선호하지만 부정적 감정의 강도가 낮으면 감정진행을 허용하는 개입의 재평가(engagement reappraisal)를 선호하는 경향이 있다고 한다.[29] 다시 말하자면 외부 부정적 감정의 강도가 높으면 사람들은 자신의 신경을 다른 곳으로 돌려 피하려고 하지만 그 강도가 낮으면 자연스럽게 받아들인다는 것이다. 그래서 상대로부터 받는 부정적 감정의 강도가 강할수록 피하려 하므로 경쟁적 협상이 심화될 수 있다. 반대로 상대로부터 받는 긍정적 감정의 강도가 강할수록 수용성이 높아져서 협력적 협상이 용이해질 수 있다.

같은 부정적, 긍정적 감정을 얼마나 강하게 표현하느냐에 따라 그 효과는 완전히 달라질 수 있다. 부정적 감정을 강하게 표현하는 것과 약하게 표현하는 것은 크게 다르다. 마찬가지로 긍정적 감정을 약하게 표현하는 것과 강하게 표현하는 것도 상당한 차이가 있다. 협상에 따라서 감정의 관리가 중요함을 알 수 있다.

그렇다면 경쟁적 협상에서는 얼마나 부정적인 감정을 어느 정도 강도로 표현하는 것이 적절한가? 협력적 협상에서는 얼마나 긍정적인 감정을 어느 정도 강도로 표현하는 것이 적절한가? 이에 대한 정확한 연구는 찾기 어려우나 경험에 기초하여 합리적 선택을 추론하는 정도가 최선일 것으로 보인다. 감정의 종류와 더불어 감정표현의 정도를 동시 고려할 필요가 있다.[30]

경쟁적 협상에서 당사자들은 공격과 방어를 할 텐데 부정적 감정의 부정성 정도는 상황과 협상가 스타일에 따라 달라질 수 있다. 그러나 너무나 지나친 부정적 감정이나 너무나 온건한 부정적 감정은 경쟁적 협상을 성공시키기 어렵게 할 수 있다. 부정적 감정의 표현강도도 마찬가지로 상황과 협상가 스타일에 따라 달라질 수 있고 부정적 감정의 지나치게 강하거나 약한 표현은 경쟁적 협상을 성공시키기 어렵게 할 수 있다. 부정적 감정의 지나친 표현은 상대에게 거부감을 유발하지만 너무 약한 표현은 경쟁의 효과성을 달성하기 어렵다.

그래서 경쟁적 협상에서 부정적 감정의 정도와 표현강도의 안전영역이 존재할 것이다. 안전영역은 [그림 3-2]에서 보는 바와 같이 부정성 정도와 강도의 극단적인 부분을 제외한 원형 영역이 된다.

마찬가지로 협력적 협상에서도 당사자들은 경청, 공감, 인정이라는 태도를 견지하고 긍정적 감정을 나타내지만 그 긍정성 정도와 강도가 상황과 협상가 스타일에 따라 달라질 수 있다. 지나친 긍정성과 강도는 자칫 협력적 협상을 성공시키지 못할 수 있어서 그러한 영역을 제외한 안전영역이 존재할 것이다. [그림 3-2]에서 긍정적 감정이 있는 상단부분의 일정한 영역을 협력적 협상의 안전영역으로 표기하였다. 긍정적 감정은 표현의 강도가 어느 정도 높아야 효과적이지만 부정적 감정은 표현의 강도가 어느 정도 낮아야 효과적이다.31)

[그림 3-2] 협력적, 경쟁적 협상에서 감정표현의 긍정 정도와 강도의 전략적 선택

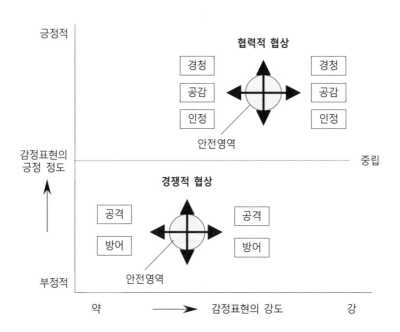

다른 협상전략 유형은 감정표현의 긍정 정도와 강도를 어떻게 연계시키는 것이 적절할까? 먼저 회피전략은 협상장에 나타나지 않거나 협상을 포기하는 경우이므로 감정이 부정적이지도, 긍정적이지도 않을 것이고 감정의 강도도 약할 것이다. 그래서 [그림 3-3]에서 보듯이 회피전략의 감정표현의 긍정 정도는 중립이고 강도는 상당히 약한 것으로 표시할 수 있다. 수용전략은 상대를 배려하면서 협상을 해야 하므로 긍정 정도가 당연히 약간 있어야 하고 상대를 배려하기 위해서는 긍정의 감정을 어느 정도 표현하는 것이 적절할 것이다. 그러나 수용전략의 감정 정도와 강도는 협력전략의 그것보다는 약할 것으로 보여서 수용전략의 위치는 회피전략과 협력전략 사이에 위치하면 될 것이다.

[그림 3-3] 협상전략의 성공을 위한 감정관리 영역

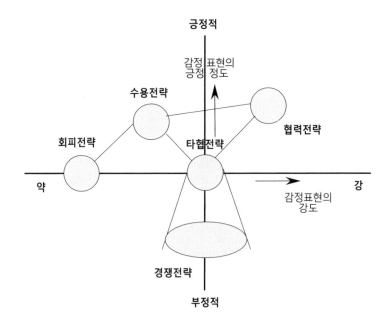

타협전략은 처음부터 타협을 하려는 것보다 주로 경쟁이나 협력전략을 진행하다가 차선책으로 전환하는 전략이다. 여기서 타협전략과 경쟁전략의 감정 강도를 비교해보는 것이 필요하다. 경쟁전략의 감정은 부정성이 있지만 강도에서 흥분할 정도는 피해야 한다. 그렇다고 경쟁전략의 감정이 회피나 수용전략의 감정 같이 낮아서도 아니 된다. 경쟁전략을 진행하면서 자신의 주장과 논리를 정확하게 표현할 정도의 감정 강도는 유지해야 한다.

경쟁적 협상에서 부정적 감정으로 교섭하다가 타협을 하려면 부정적 감정을 줄여야한다. 그리고 차분한 경쟁적 협상을 가정하면 감정의 강도를 높여 타협의 적극성을 보여야 한다. 만약 경쟁적 협상이 약간 높은 감정 강도에서 진행되다가 타협으로 접근한다면 감정 강도는 오히려 낮추어야 할 것이다. 그래서 경쟁에서 타협으로 전환할 때 감정의 강도를 높일 수도 있고 낮출 수도 있어서 타원형의 모양으로 넓은 범위를 차지할 것으로 보인다. 경쟁전략이 상황과 사람에 따라 강도의 범위가 다른 전략보다 넓을 것이다. 따라서 [그림 3-3]에서 보듯이 타협전략의 감정표현 긍정 정도는 경쟁전략의 그것보다 높지만 감정표현 강도는 경쟁전략의 그것보다 낮을 수도, 높을 수도 있다.

한편 협력적 협상에서 높은 강도의 긍정적 감정으로 경청, 공감, 인정을 실행하다가 윈윈의 가능성이 없다고 판단하여 타협으로 가려면 긍정적 감정을 줄이고 감정의 강도도 줄이게 될 것이다. 따라서 [그림 3-3]에 보듯이 타협전략에서 감정표현의 긍정 정도와 강도는 협력전략보다 낮아야 한다.

위에서 그림으로 표시된 협상전략별 감정표현의 긍정 정도와 강도의 안전영역을 양적으로 정리하면 <표 3-1>과 같다. 협상전략의 유형은 회피, 수용, 경쟁, 협력, 타협의 전략으로 구분하고 각 전략에 맞는 감정관리

전략을 정리하였다. 감정표현의 긍정 정도는 회피전략은 중립, 수용전략은 약간 긍정, 경쟁전략은 약간 부정, 협력전략은 상당히 긍정, 그리고 타협전략은 중립으로 표시하였다. 감정표현의 강도는 회피전략은 상당히 약함, 수용전략은 약간 약함인데 반해 협력전략은 상당히 강함이고 타협전략은 중간 정도로 표시하였다. 특이성이 있는 경쟁전략은 상황에 따라 약간 약함에서 약간 강함의 범위로 표시하였다. 극단적인 감정의 긍정과 부정 그리고 극단적인 감정표현의 강도를 피하기 위해 '매우'라는 표현 대신 '상당히'로 표기하였다.

<표 3-1> 협상전략에 연계한 감정관리 전략

전략	협상전략	감정관리 전략	
기준	성과·관계 결합	감정표현의 긍정 정도	감정표현의 강도
전략유형	회피	중립	상당히 약함
	수용	약간 긍정	약간 약함
	경쟁	약간 부정	약간 약함~약간 강함
	협력	상당히 긍정	상당히 강함
	타협	중립	중간 정도

감정관리 전략을 요약하면 협상에서 감정표현의 긍정성도 조절해야 하지만 감정표현의 강도도 또한 조절해야 하는데 협상전략별 안전영역을 설정하여 그 영역을 이탈하는 지나친 감정표현의 긍정성과 강도는 해당 협상을 실패하게 할 가능성이 높다. 특히 경쟁적 협상에서 감정표현이 지나치게 부정적이거나 강도가 너무 높으면 성공하기 어렵고 마찬가지로 협력적 협상에서도 감정표현이 지나치게 긍정적이거나 강도나 너무 높거나 낮을 경우 성공하기 어려운 것으로 판단된다.

Competency 3. 전략역량

성공하는 협상의 전략을 수립하라!

자신이 원하는 협상이 결정되었으면 이에 맞는 성공적인 협상전략을 수립해야 한다. 성과의 중요성과 관계의 중요성의 정도에 따른 전략을 결정해야 한다.

회피전략: 성과의 중요성과 관계의 중요성 모두 낮을 경우 선택하라.

경쟁전략: 성과의 중요성은 높으나 관계의 중요성이 낮을 경우 선택하라.

수용전략: 성과의 중요성은 낮으나 관계의 중요성이 높을 경우 선택하라.

협력전략: 성과의 중요성과 관계의 중요성 모두 높을 경우 선택하라.

타협전략: 성과의 중요성과 관계의 중요성 모두 중간정도면 선택하라.

각 전략은 어떤 행동을 요하는지를 인지하고 계획해야 한다.

회피전략: 협상을 거부하고 피하라.

경쟁전략: 종결점과 BATNA를 계획하고 정보를 유리하게 관리하라.

수용전략: 관계목표를 달성할 성과양보를 계획하고 습관화를 방지하라.

협력전략: 상대방 욕구 이해, 개방적 소통, 상호 욕구충족 해결을 도모하라.

타협전략: 경쟁, 협력의 차선 전략으로 상호 양보의 분위기를 만들어라.

협상전략의 성공을 위해 보완적인 감정관리 전략을 수립해야 한다. 감정표현은 협상전략에 따라 그 긍정성과 강도를 선택해야 한다.

회피전략: 긍정성은 중립, 강도는 상당 약함을 유지하라.

경쟁전략: 긍정성은 약간 부정, 강도는 약간 약함~강함을 유지하라.

수용전략: 긍정성은 약간 긍정, 강도는 약간 약함을 유지하라.

협력전략: 긍정성은 상당 긍정, 강도는 상당 강함을 유지하라.

타협전략: 긍정성은 중립, 강도는 중간 정도를 유지하라.

협상명언 3

**성공적 협상전략은 성과와 관계를 목표로
행동과 감정을 결정하는 것이다!**

제4장 파워역량:

성공하는 협상은 어떤 협상력이 필요한가?

자신이 원하는 협상을 결정하였고 이를 성공하기 위해 협상전략을 수립하였다면 협상전략을 실천하기 위해 에너지 또는 힘을 불어넣어야 한다. 협상력이 무엇이며 어떻게 구사해야 협상전략을 성공시킬 수 있는지를 이번 장에서 정리하려고 한다.

1. 협상력의 중요성과 구성

1) 힘의 정의

일반적으로 힘(power)이란 사람들이 원하는 결과를 만드는 능력, 또는 원하는 방법으로 일을 이루어내는 능력을 말한다.[32] 힘을 정의하는 한 방법은 힘으로 한 쪽이 다른 쪽으로 하여금 자발적으로는 원하지 않는 것을 하도록 할 수 있다는 관찰에 토대하고 있다.[33] 이것은 상대방이 원하지 않는 어떤 것을 해야 하는데 어떤 종류의 폭력이 사용되고 있음을 의미한다. 말하자면 살인, 구타, 구속, 구금, 무력 등 물리적 힘을 보통 생각할 수 있다. 그러나 협상에서의 힘이란 이러한 힘의 '물리적 정의'보다는 힘의 '관계적 정의'가 더 적절하다.

Deutsch는 '어떤 사람의 힘은 그 사람의 성격과 환경적 특성에 의해 결정된다.'라고 주장한다.[34] "A가 B보다 힘이 세다."라고 말할 때 세 가지 관점에 이것을 볼 수 있다. 그것은 환경적 힘(environmental power), 관계적 힘(relationship power), 그리고 개인적 힘(personal power)이다. 환경적 힘이란 모든 환경에 더 유리하게 영향을 미치는 힘이고, 관계적 힘이란 상대방에게 더 많은 영향을 미칠 수 있는 힘이고, 개인적 힘이란 자신의 욕구를 더 잘 충족할 수 힘을 의미한다.[35]

이 세 가지의 힘을 만들어 내는 방법은 한 개인이 상대방의 힘에 반응해서 새로운 옵션이나 대안들을 찾아 사용하는 것이다. 예를 들어 노동조합 리더가 과거에는 파업을 통해서 힘을 행사했는데 대량해고를 피할 수 있는 임금하락을 동의한다면 사용자가 새로운 바람직한 옵션을 관철시킨다면 이는 환경적 힘의 사례가 된다. 또 한 근로자가 상사의 도움과 지원을 받기 위해 성공적으로 영향력을 행사하여 상사의 존중을 얻고 목표도 달성할 수 있었다면 이는 관계적 힘과 개인적 힘의 사례가 된다.

2) 협상력의 중요성

협상에서 힘이 중요한 것은 자신이 상대방보다 유리한 점을 가지도록 힘이 작용하기 때문이다. 이 힘은 성과를 더 많이 확보하고 선호되는 해결을 도출하도록 사용된다. 힘을 얻고자하는 데는 두 가지의 경우가 있다.[36] 첫째, 만약 협상가가 상대방보다 힘이 부족하다고 믿는다면 힘의 균형을 이루기 위해 힘을 얻고자 한다. 공격적 전략으로서 자신의 목표를 달성하기 위해 힘의 균형을 만들려고 힘을 추구한다. 이러한 힘의 균형은 협력전략이나 타협전략을 추구할 때 요구된다. 방어적 전략으로서 힘의 균형을 추구하는 협상가는 상대방이 성과의 부적절한 또는 부당한 몫을 가지지 못하도록 하기 위해 그렇게 한다. 이러한 힘의 균형은 상대방이 경쟁적 우위를 차지하지 못하도록 경쟁전략에서 요구된다.

둘째, 만약 힘의 균형에 있는 협상가가 상대방보다 힘을 더 필요하다고 믿는다면 상대방보다 더 유리한 점을 확보하기 위해 힘을 얻고자 한다. 공격적 전략으로서 힘의 우위를 확보하거나 격차를 강화하여 성과를 더 많이 얻고 경쟁에서 승리하려고 한다. 방어적 전략으로서 상대방이 힘을 증대할 것을 우려하여 힘을 강화하려고 한다. 두 경우 모두 경쟁전략에서 승패를 추구하는 것이다.

3) 협상력의 구성요소

힘을 만드는 데에는 두 가지의 구성요소가 있음을 볼 수 있다. 하나는 새로운 대응을 할 토대로서 옵션이나 대안을 준비하는 것이고, 다른 하나는 그러한 옵션이나 대안을 영향력으로 만들어지도록 행사하는 것이다. 말하자면 협상력은 두 가지의 단계를 거쳐서 창조되는데 힘의 토대 또는 원천 (power base or sources)의 단계와 영향 전략 (influence strategies) 단계로 이루어진다.[37] 힘의 토대나 원천은 환경, 상대방 또는 자신의 욕구에 영향을 미치기 위해 가용한 도구의 목록을 의미하고 영향 전략은 그러한 도구를 적절한 방법으로 효과적으로 사용하는 것을 의미한다. 그래서 협상력을 구체화하기 위해 협상력 원천과 영향 전략에 대해 분석하도록 한다.

2. 협상력의 원천

협상력의 토대 또는 힘의 원천은 매우 다양하다. Pfeffer는 개인적 특성이 힘의 원천으로서 과도하게 평가되고 있는 반면 상황의 구조적 요소를 간과하는 경향이 있다고 지적한다.[38] 개인적 특성에는 똑똑한 발음,

민감성, 사회적응성, 유능함, 인기, 외향성, 자기확신, 공격성, 야망 등이 있고 구조적 요소는 조직 내 노동의 분화와 소통체계의 위치에서 도출되는데 자원의 통제, 힘 있는 자와의 관계, 그리고 위계조직 내에서 얻는 공식 권위가 그것이다.

Pfeffer의 연구에서 힘의 원천으로서 정보와 전문성에 대한 언급이 없고 구조적 위치에 대한 다양한 분석이 없어서 보다 포괄적으로 접근한 Lewicki, Litterer, Minton and Saunders의 연구를 기본으로 소개하려고 한다. Lewicki, Litterer, Minton and Saunders는 <표 4-1>에서 보는 바와 같이 5가지의 힘의 원천을 분류하였다.[39]

<표 4-1> 힘의 원천

1) 정보와 전문성 힘 　신뢰감, 희귀성, 메시지, 전문성
2) 자원의 통제 　화폐, 물품, 시간, 서비스, 인적자원
3) 합법성 힘 　권위, 평판, 실적
4) 구조의 위치 　중심 위치, 필수성, 유연성, 가시성
5) 개인적 힘 　친밀감, 정직, 끈기, 감정

출처: Lewicki, Litterer, Minton and Saunders
(1994), p.298에서 수정, 보완함

1) 정보와 전문성 힘

정보의 힘은 우리가 취하고 싶은 입장, 하고 싶은 논의, 원하는 성과를 만들어내기 위해 사용될 정보를 조립하는 능력으로부터 도출된다. 이 정보는 또한 상대방의 입장이나 원하는 성과를 도전하고 그래서 상대방의 협상 논의의 효과성을 손상시키는 도구로서 사용될 수 있다. 정보의 힘은 다음과 같은 여러 가지 요소에 따라 달라진다.

(1) 정보의 제공자에 대한 신뢰감: 제공자의 신뢰성이 높을수록 정보의 힘이 증가

(2) 메시지의 내용: 메시지 내용에 대한 통제를 잘할수록 정보의 힘이 증가

(3) 메시지의 구조: 메시지 구조가 명확할수록 정보의 힘이 증가

(4) 정보의 희귀성: 정보가 희귀할수록 정보의 힘이 증가

(5) 메시지의 전달 스타일과 테크닉: 상대방에게 메시지를 전달하는 스타일과 테크닉이 강할수록 정보의 힘이 증가

한편 전문성 힘은 정보 힘의 특별한 형태이다. 정보의 힘은 자신의 논의를 지지하는 사실과 숫자를 조합하는 사람에 의해 사용되지만 전문성 힘은 그 정보를 명령하고 마스터한 수준을 달성한 사람에게 귀속된다. 이러한 사람은 전문가로 인식되는데 사람들은 협상 입장이 어떠하든 전문가의 논의에 대해 신뢰를 준다.

2) 자원의 통제

자원을 통제하는 사람은 그가 원하는 것을 하는 사람에게 자원을 할당하고 사용할 수 있으며 그가 원하는 것을 하지 않는 사람에게 그 자원을 제한하거나 빼앗을 수 있기 때문에 강한 힘을 가진다. 정보 다음으로 자원은 협상에서 가장 중요한 힘의 원천이다.

자원은 모든 유형이 될 수 있다. 조직 내에서 가장 중요한 자원은 다음과 같다.

(1) 여러 형태의 화폐: 현금, 급여, 예산 할당, 보조금, 보너스, 지출계정 등
(2) 물품: 원자재, 부품과 성분, 조각 등
(3) 시간: 상대방이 신속한 해결을 하거나 기한을 지키라는 압박을 받는다면 시간에 대한 통제가 그 상대방에 대한 극심한 압력을 가할 수 있다.
(4) 설비: 기계, 도구, 기술, 장비와 프로그램, 자동차, 컨베이어 벨트 등
(5) 주요 서비스: 보수, 유지, 설치와 배송, 기술지원, 교통 등
(6) 인적자원: 인력, 노동, 작업팀, 직원 등

3) 합법성의 힘

합법성의 힘은 조직 구조에서 특별한 직함, 사무실 또는 지위로부터 나온다. 사람들은 자신이 좋아하지도 않는 방향에 대해 반응할 때가 있다. 왜냐 하면 사람들이 강제로 하는 것을 좋아하지 않아도 다른 사람이 그들에게 말하는 것이 합법적이고 그들이 복종하는 것이 적절하다 라고 느끼기 때문이다.

합법성 힘을 취득하는 방법은 여러 가지 있다. 첫째, 태어나면서부터 합법성 힘을 가지는 경우이다. 간단한 예로서 영국 엘리자베스 2세 여왕은 여왕의 타이틀을 가지도록 태어나서 합법성의 힘을 가진다. 둘째, 합법성 힘은 선거에 의해 획득된다. 한국의 대통령은 국민에 의해 대통령으로 선출되면서 한국정부의 법적 구조에서 나오는 실질적 합법성 힘을 가진다. 셋째, 합법성 힘은 지명에 의해 또는 승진에 의해 오피스, 직업, 서열, 조직 지위 등에서 나온다. 그래서 어떤 직함이나 직위를 가짐으로써 그에 맞는 모든 권리, 책임, 특권이 부여된다.

합법적 권위를 확장하는 상황에서 평판과 실적이라는 두 가지의 파생된 힘의 원천이 있다. 평판과 실적은 서로 관련성이 있고 합법성의 성공과도 관련되어 있으며 정보와 자원 통제와 마찬가지로 공식 권위를 뒷받침하고 있다. 평판은 조직에서 개인이 개발한 이미지이고 사람들이 특정 개인에 대해 말하고 묘사하는 방법이다. 평판은 과거에 해 냈던 실적에 의해 형성된다.

조직 외 국민으로서 권리와 의무 또는 사인 간에 지켜야 할 법적 의무나 규범의 준수도 합법적 힘을 가질 수 있다.[40] 예를 들어 조세법에 의해 세금을 납부하고 병역법에 의해 군 복무를 마치고 주민등록법에 의해 거주지를 등록하면 국민으로서 합법적 권리가 발생하게 된다. 사인 간에 계약을 지킨 사람은 계약을 어긴 사람에 대해 법적 권리가 있고 신체적 피해를 입은 사람은 가해자에 대해 법적 권리가 있는 것도 그러한 예이다.

4) 조직구조에서 위치(네트워크의 힘)

(1) 중심 위치
교환과 거래에서 위치가 보다 더 중심일수록 많은 정보가 흐르고 정보 흐름을 관리할 수 있어서 그 위치 점령자가 더 많은 힘을 가진다.

(2) 필수성
정보가 어떤 위치를 통해 흐르는 것이 조직의 미션, 주요 과제, 주요 제품에 본질적이면 그 위치는 필수성의 힘을 가진다.

(3) 유연성
핵심 인물이 어떤 결정을 어떻게 내릴지 또는 어떤 사람이 접근할지에 대해 재량권을 행사할 수 있는 직위의 유연성이 클수록 그 직위의 힘이 커진다.

(4) 가시성

과업의 실적이 조직의 다른 사람들에게 얼마나 잘 보여지느냐를 의미하는 가시성이 높을수록 힘이 커진다.

5) 개인적 힘

(1) 친밀감

온화함, 공감, 관심, 배려와 같은 친밀감은 상대방과의 개인적 관계를 형성하도록 하여 개인적 힘이 된다.

(2) 정직

정직은 개인의 행동을 높은 도덕적 원칙에 토대를 두게 하는 개인적 가치와 윤리로서 다른 사람들이 우리를 믿을 수 있도록 해주는 특성이 있으므로 개인적 힘이 된다.

(3) 끈기

끈기 있는 사람은 다른 사람과의 경쟁적 모드나 갈등을 피하고 목적을 추구하는데 지속적이고 전략과 접근방법을 새로 수정하는 특성이 있어서 끈기가 개인적 힘이 된다.

(4) 감정

감정은 옳거나 공정하거나 정의로운 것에 대해 자신의 감정, 가치, 개

인적 느낌에 호소함으로써 상대방의 마음을 얻는데 효과적으로 사용될 수 있을 때 힘의 원천이 된다.[41]

3. 힘의 적용: 영향 전략

앞에서 열거한 협상력의 원천이 협상력으로 전환되기 위해서는 힘의 원천에 영향을 줄 수 있도록 실행하는 것이 필요하다. 말하자면 힘의 원천을 적용하여 협상력을 만들어 내는 것이다. Lewicki, Litterer, Minton and Saunders는 영향 전략(influence strategies)을 11가지로 분류하고 어떤 힘의 원천이 사용되는지를 요약해 주고 있다.[42]

<표 4-2>는 11가지 영향 전략과 사용된 힘의 원천을 보여주고 있다. 각 영향 전략에 대해 간단히 설명함으로써 이해력을 높이고자 한다.

<표 4-2> 영향 전략과 사용된 힘의 원천

영향 전략	사용된 힘의 원천
1. 설득	정보와 전문성, 구조의 위치
2. 교환	자원
3. 합법성	조직 구조의 지위에 부여된 힘(합법성)
4. 친화력	친화력, 매력, 감정
5. 비위맞추기	편의적 목적으로 친화력 사용
6. 칭찬	친화력에 결합된 구두 자원
7. 단호함	끈기와 감정에 결합된 정보
8. 영감의 호소	감정에 결합된 정보
9. 협의	타인의 요청과 결합된 정보와 자원
10. 압력	정보, 부정적 자원 통제, 감정
11. 연합	정보, 자원, 친화력의 집단적지지

출처: Lewicki, Litterer, Minton and Saunders (1994), p.313을 이용하여 소폭 수정함

1) 설득(persuasion)

협상가는 사실에 기초한 논리적 주장을 하기 위해 가용한 합리적 논의, 논리, 사실, 분석, 통계, 과학적 연구, 리포트, 데이터 및 어떤 다른 정보를 사용하게 된다. 정보와 전문성은 영향력 전략에 사용되는 힘의 주요 원천이다. 설득 전략은 정보와 사실이 강력한 논리적 주장을 만들어낸다는 가정을 하기 때문에 논리적 의사결정에 영향력을 크게 행사할 수 있다.

2) 교환(exchange)

교환은 상대방의 승낙과 협조를 얻기 위해 자원이나 호의(약속, 지원)를 명시적, 묵시적으로 제공하는 과정이다. 교환은 교섭이나 거래와 같은 것으로 "내가 당신에게 X를 한다면 당신은 내게 Y를 하겠습니까?"라고 표현할 수 있다. 교환이나 교섭은 상대방에 대한 보상, 즉 호의, 혜택, 인센티브, 향응, 부수입 등으로 전환될 수 있는 자원에 토대로 하고 있다.

3) 합법성(legitimacy)

합법성은 조직 구조에서 지위, 직함, 직무에 부여된 힘을 사용하고 그 직위나 직함으로부터 나오는 명령을 사람들이 따르도록 요구함으로써 영향력을 행사하는 것을 말한다. 합법성은 요구사항이 공식적 권위의 토대에서 나오고, 권위와 일치하고, 조직의 규칙, 정치, 관행, 절차와 일치한다는 점이 분명할수록 효과적이다.

4) 친화력(friendliness)

친화력은 매력과 친화력의 힘을 사용해서 다른 사람과 관계를 창조해내는 것이다. 다른 사람과 관계를 창조해냄으로써 그 친화력이 다른 사람으로 하여금 따르도록 할 수 있다고 믿는다. 어떤 친화력 전략은 다른 사람에게 대한 진정한 관심을 보이고 느낌을 공유함으로써 다른 사람과 라포(rapport, 친밀감)를 형성하기도 한다.

5) 비위맞추기(ingratiation)

비위맞추기는 편의적 친화력이라 풀이될 수 있다. 비위맞추기 전략을 잘 사용하는 사람은 비위맞추기, 아첨, 감정 조작을 통해 어려운 목표를 얻는데 성공하기도 하는데 성실해보이지 못하다거나 경계성을 가지게 할 수도 있어서 유의해야 한다.

6) 칭찬(praise)

칭찬은 다른 사람이 잘하고 있다는 구두 칭찬, 격려, 긍정을 사용하는 것이다. 구두의 강조, 승인, 칭찬은 행동을 형성하는데 있어서 매우 효과적이며, 아마도 가시적 경제적 자원만큼 효과적일 것이다.43)

7) 단호함(assertiveness)

단호한 태도는 자신이 원하는 것을 강하고 강압적 태도와 스타일로 표현하는 것이다. 단호한 태도는 분명하고 강하고 강요하는 언어로 표현된 정보이다. 단호함을 표현하는 방법은 요구를 하거나 자신이 원하는 것을 명백하게 진술하는 것이다.

8) 영감의 호소(inspirational appeal)

영감의 호소는 목표의 이상주의, 개인적 가치, 또는 미래의 희망과 영감에 호소하는 감정적 메시지와 정보를 성공적으로 결합한 것이다. 영감의 호소는 사람들이 성과를 내고 힘껏 일하고 최고의 성과를 낼 수 있는 자신감과 강인한 느낌을 가지도록 고취해주므로 동기유발의 느낌을 준다.

9) 협의(consultation)

협의란 다른 사람의 아이디어, 제안, 투입에 토대해서 자신의 입장을 변경하려고 하는 과정으로 다른 사람의 정보, 관점, 개인적 정직, 자기 존중을 이끌어내기를 추구한다. 경영에서 참여적 의사결정의 힘은 일방적으로 자신의 선택을 끌고 가기보다 자신의 선호에 대해 다른 사람과 협의하는 힘으로부터 도출된다.[44]

10) 압력(pressure)

압력이란 정보와 제재, 특히 목적을 달성하기 위해 징계와 징계의 위협을 전술적으로 사용하는 것을 말한다. 압력을 사용함으로써 협상가는 요구를 하거나, 요구가 충족되지 않으면 무엇이 일어날 것인가에 대한 결과를 알려주기도 한다. 그러나 압력 전술은 요구사항의 단기적 충족을 만들 수 있지만 상대로부터 높은 저항을 유발할 수 있으므로 가능한 한 어쩌다 선택적으로 사용해야 한다.

11) 연합(coalition)

연합 전략에서 협상가는 알거나 좋아하거나 존경하는 많은 다른 사람들의 도움이나 지지를 요청한다. 협상가는 많은 사람들이 이미 바람직한 행동 목적을 지지하거나 지원하고 있다는 것을 상대방에게 알려주도록 요청한다.

4. 협상전략을 위한 협상력 활용

이제 이상의 협상력의 원천과 적용을 협상전략에 어떻게 활용해야 성공하는 협상을 완수할 수 있을지가 핵심적 과제가 된다. 사용할 힘이 있다고 해서 아무 때나 사용해서도 아니 되며 같은 힘이라도 적용하는 방법에 따라 영향력은 달라질 것이다. 그래서 <표 4-3>에서 5가지 협상전략에 대해 각각 필요한 힘의 원천이 무엇이며 어떤 방법으로 사용해야할 지에 대해 정리하였다. 설명의 이해도를 높이기 위해 경쟁, 협력, 타협, 양보, 회피의 순서대로 설명하고자 한다.

1) 경쟁전략

아마 협상력이 가장 필요로 하는 전략은 바로 경쟁전략일 것이다. 협상에서 상대방보다 더 우위를 점하고 상대방을 이기기 위해 협상력은 반드시 필요하기 때문이다. 힘의 원천은 앞에서 설명하였듯이 정보/전문성, 자원통제, 합법성, 구조위치, 개인적 힘 등 7가지로 구성되는데 그 어떤 힘의 원천이라도 자신의 협상력을 강화할 수 있는 것이면 모두 필요할 것이다. 유익한 정보를 이용하든, 금전적 자원을 이용하든, 조직의 지위를 이용하든, 구조의 중심위치를 이용하든, 개인적 호감도를 이용하든 상대방보다 유리한 상황을 만들어내면 된다.

상대방보다 우위를 점하기 위해 힘의 원천을 적용하는 적절한 방법은 압박할 수 있는 강한 방법이어야 한다. 그래서 설득, 합법성, 단호함, 압력, 연합과 같은 방법으로 자신을 보호하고 상대방을 압박할 수 있어야 한다.

<표 4-3> 협상전략을 위한 협상력 활용

협상전략	협상력	
성과·관계 결합	힘의 원천	힘의 적용
회피	정보/전문성	단호함
경쟁	정보/전문성, 자원통제, 합법성, 구조위치, 개인적 힘	설득, 합법성, 단호함, 압력, 연합
양보	정보/전문성, 개인적 힘	교환, 친화력, 칭찬, 협의
협력	정보/전문성, 개인적 힘	설득, 교환, 친화력, 칭찬, 영감호소, 협의
타협	정보/전문성, 자원통제, 합법성, 구조위치, 개인적 힘	설득, 교환, 합법성, 친화력, 비위맞추기, 협의, 연합

2) 협력전략

협력전략에서 협상력의 의미는 달라진다. 상대방을 압박해서 우위에 점하는 것이 아니라 정보를 공유하고 양 측이 모두 만족하는 최선방안을 찾아내는 목적에 필요하도록 협상력을 사용해야 한다. 그래서 경쟁전략에서 필요한 자원통제, 합법성, 구조위치 등은 필요하지 않고 정보/전문성과 개인적 힘 정도가 필요하다. 자유로운 정보교류가 매우 중요하며 친화력과 끈기 같은 개인적 힘이 최선방안을 찾는데 도움이 된다.

또한 힘을 적용하는 방법도 경쟁전략에서 사용하였던 합법성, 단호함, 압력, 연합 같은 강압적 방법은 사용해서는 아니 되며 설득, 교환, 친화력, 칭찬, 영감호소, 협의 등 상대를 배려하고 존중하는 부드러운 방법이 필요하다. 설득은 상대를 압도하기 위한 것이 아니라 협력과 문제해결이 필요함을 이해시키기 위해 사용될 수 있고 교환은 여러 가지 옵션을 평가, 결정하는 과정에 필요할 수도 있다.

3) 타협전략

타협전략은 보통 경쟁전략이나 협력전략의 차선 전략으로 사용되는 경향이 있다. 경쟁전략에서 서로 강한 주장으로 난국이 발생하거나 결렬될 위기에서 서로 양보하여 중간적인 해결방안에 합의할 때 타협전략이 사용된다. 협력전략에서 양 측의 욕구를 모두 충족시키는 원원의 해결방안을 찾을 수 없고 시간 제약은 다되어 협상을 결렬시키기보다 서로 양보하여 차선의 해결책을 찾는다면 타협전략이 사용된 것이다. 그래서 타협을 위해서 의논과 교환과 압박이 될 만한 모든 힘의 원천이 다 사용될 수 있어서 경쟁전략과 같이 정보/전문성, 자원통제, 합법성, 구조위치, 개인적 힘이 힘의 원천으로 필요할 수 있다.

타협전략의 실행을 위해서 필요한 방법들은 경쟁전략이나 협력전략의 실행 방법들과는 달라야 한다. 예를 들어 경쟁전략에서 압박용으로만 사용되었던 단호함과 압력은 사용해서는 아니 되며 협력전략에서 마음을 열게 하는 용도로 사용되었던 칭찬과 영감호소는 적절하지 않다. 그래서

설득, 교환, 합법성, 친화력, 비위맞추기, 협의, 연합 등이 타협전략에서
사용될 수 있는 방법일 것이다.

4) 수용전략

수용전략은 상대방과의 우호적인 관계 유지나 발전을 위해 성과에서
양보하는 전략이므로 협상력이 크게 필요하진 않다. 다만 단기적, 장기적
관계를 유지하기에 필요할 정도의 양보를 만들도록 노력해야 하고 습관
적으로 반복되는 양보가 되지 않도록 성과와 관계의 결합 정도를 항상
염두에 두어야 하므로 정보/전문성과 개인적 힘은 필요해 보인다. 상대를
행복하게 해주면서도 최소한의 양보를 만들어 장기적으로는 이득이 될
수 있다면 좋은 전략이 된다.

수용전략에서 상대를 행복하게 해주는 방법은 친화력, 칭찬, 협의가 적
절해 보인다. 비즈니스에서 양보는 장기적 관계를 위한 전략적 선택이라
면 교환이 중요한 방법이 된다. 특히 이 교환은 수용전략이 반복적, 습관
적이 되지 않도록 유의하면서 사용하여야 한다.

5) 회피전략

회피전략도 협상력이 필요한가? 얼핏 보면 협상력이 필요 없어 보이지
만 상황에 따라서는 협상력이 필요할 수 있다. 예를 들어 마음에 드는
두 개의 34평형 아파트 중 하나를 구매하려고 비교하면서 1라운드에서는
가격이 높다거나 주인이 딱딱하다고 생각하면서 구매협상을 하지 않으려
고 결정하면 회피전략을 사용한 것이다. 이럴 때 인근 아파트의 시세, 환
경, 교육학군 등 정보를 고려하여 구매할 가치를 결정할 수 있기 때문에

회피를 하기 위해서는 정보와 전문성의 협상력이 필요로 해 보인다.

회피전략을 실행하는 방법도 별도로 필요한가? 처음부터 협상 장소에 나타나지 않은 것도 협상가의 계산된 결정일 수 있다. 또한 협상하다가 계속 협상하는 것이 무의미하거나 실익이 없다고 판단되면 철회할 수도 있다. 이렇게 협상 장소에 나가지 않거나 협상에서 철회는 정보와 전문성의 바탕으로 단호하게 그런 결정을 내렸기 때문에 나타난 현상이므로 단호함은 필요한 방법이다.

6) 협상력 활용의 선택

이상에서 협상전략에 따른 협상력의 원천과 적용을 정리하였는데 그 기준은 절대적이지 않으며 개인의 선호도와 상황에 따라 달라질 수 있다. 협상전략의 기본원리를 터득한 후 그 원리에 맞는 자신만의 최적의 원천과 적용을 선택하면 된다. 또한 협상전략이 한 가지로 고정되어 협상의 시작부터 끝까지 적용되는 것이 아니라 두세 가지의 협상전략이 변화, 혼합되어 진행된다면 그 전략에 따른 협상력 활용을 적용할 수 있도록 유연한 자세가 필요하다. 예를 들어 협상가가 자신은 협력전략을 준비하여 정보를 교환하고 상대방 욕구를 이해하려고 개방적이고 협력적인 태도로 시작하였지만 상대방이 완고하게 경쟁전략으로 일관한다면 본인도 경쟁전략으로 돌아가 협상을 해야 한다. 이에 따라 최소한 손해를 보지 않도록 협상력을 강화시키고 경쟁적으로 협상에 임해야 한다.

5. BATNA와 심리적 파워의 협상력

Galinsky와 Magee는 Peffer와 Lewicki에서 설명하고 있지 않는 두

가지 협상력 원천, 즉 BATNA와 심리적 파워를 제안하고 있다. Galinsky & Magee(2006)은 원래 협상력은 세 가지 원천이 있다고 주장한다.[45] 이 중에서 조직역할 파워는 앞에서도 언급하였으므로 여기서는 BATNA 와 심리적 파워를 중심으로 더 논의를 전개하겠다.

1) Galinsky & Magee의 세 가지 협상력 원천

(1) 강한 BATNA

강한 BATNA는 마음에 들지 않는 거래를 결렬시키기 위해 힘을 얻도록 한다. 예를 들어 집을 구매하는 협상에서 자신이 좋아하는 다른 집을 찾음 으로써 파워를 증진시킨다. 구매자는 판매자에게 의존하지 않고 결정할 수 있어서 파워가 생기게 된다.

(2) 역할 파워

조직에서 높은 지위와 같은 강한 역할, 직함, 직위로부터 힘이 나온다. 예를 들어 상사와 협상할 때 그의 선호에 양보하곤 한다. 이것은 조직의 위계에서 협상력이 생기기 때문이다.

(3) 심리적 파워

협상테이블에서 스스로 강력하다는 느낌을 가지는 심리적 파워를 가지 면 협상력이 강화된다. 그것은 객관적으로 맞든 아니든 상관없다. 하나의 방법으로서 자신이 과거에 힘을 가졌을 때를 생각만 해도 자신감을 고취 시킬 수 있는 느낌을 가진다. 흥미롭게도 파워가 있거나 파워가 있다고 느끼는 것은 협상의 같은 결과를 가져온다고 한다.

2) BATNA의 협상력과 협상전략

BATNA에 의한 협상력을 발휘하는 전략을 경쟁적 협상과 협력적 협상에 적용해서 설명해보자. BATNA가 강하면 합의 수준을 높일 수 있고 BATNA가 약하면 합의 수준도 낮추어야 하므로 합의 수준에 직접적인 영향을 미치게 된다. [그림 4-1]은 BATNA와 합의 수준과 관계를 표시한 그래프이다. 원점으로부터 우상향의 45도 각도의 선은 BATNA와 합의수준이 같다. 그 선의 위 부분은 BATNA가 합의 수준보다 낮아서 합의 지역이 되고 아래 부분은 BATNA가 합의 수준보다 높아서 결렬 지역이 된다.

[그림 4-1] BATNA에 의한 합의와 결렬

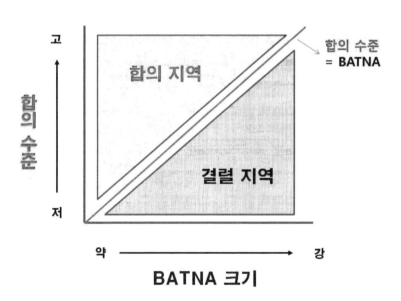

BATNA가 작을 때는 합의 지역이 넓고 결렬 지역은 좁은데 BATNA가

클 때는 합의 지역이 좁고 결렬 지역은 넓다. 그래서 BATNA가 클수록 합의수준이 높지 않으면 결렬시켜야 하는 상황이 되어 BATNA는 강력한 협상력으로 작용한다.

협상전략별로 BATNA의 협상력을 적용해보자. 경쟁전략에서는 상대방의 제안이 BATNA를 상회할 때만 합의를 고려하고 그렇지 않을 경우 결렬시켜야 한다. 그리고 협력전략에서는 여러 가지 옵션 중에서 BATNA를 상회하는 옵션만 수용가능하고 그렇지 않은 옵션은 탈락시켜야 한다.

3) 협상력의 동태적 모형

Kim, Pinkley & Fragale(2005)은 협상력의 잠재력과 심리적 인지능력이 결합되어 실제 협상력을 실현하는 협상력의 동태적 모형(Power Dynamics)을 제안하였다.[46] [그림 4-2]에서 보듯이 파워의 존재 형태는 잠재적 파워(Potential Power), 인식적 파워(Perceived Power), 실현된 파워(Realized Power)로 나타나도 이들 간의 변화와 실행을 가하는 파워전술(Power Tactics)이 결합된다. 잠재적 파워는 파워종속이론(Power Dependence Theory)에 의해 성과에 기여하는 가치에 비례하고 대안을 통한 성과의 가용성에 반비례하는 2차원과 이를 도출하도록 하는 파워원천의 유형에 의해 결정된다.[47]

인식적 파워는 협상가의 불완전 정보와 제한된 합리성으로 잠재적 파워의 가치로부터 괴리될 수 있다. 특히 협상가가 잠재적 파워가 높음에도 알지 못하고 느끼지 못할 수도 있고 잠재적 파워가 낮음에도 의식적으로 높은 파워를 인식할 수도 있다. 그래서 인식적 파워에는 심리적 자신감이나 불안감이 내재해 있는 특성이 있다. 파워 인식은 상호의존성에 영향을 주고 잠재적 파워와 실현된 파워 간의 관계를 조정할 수 있는 전술적 결정을 내릴 것이다. 파워변화전술(Power-Change Tactics)을 사용하여 잠재적 파워를 변화시킬 수 있고 파워사용전술(Power-Use Tactics)을 사용하여 실현된 파워를 얻을 수 있다. 파워사용전술과 파워변화전술은 파워의 상실이나 축적에 기여할 수 있다. 최종적으로 집중된 상호작용으로부터 파워를 실현하는 정도는 미래 상호작용에 있을 잠재적 파워에 영향을 줄 것이다.

[그림 4-2] 협상력의 동태적 모형

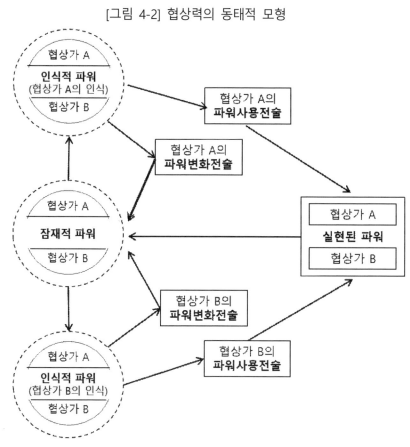

출처: Kim, Pinkley & Fragale(2005)

서희 장군의 협상파워 사례

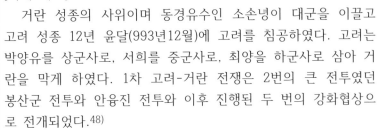

[사례 개요]

거란 성종의 사위이며 동경유수인 소손녕이 대군을 이끌고 고려 성종 12년 윤달(993년12월)에 고려를 침공하였다. 고려는 박양유를 상군사로, 서희를 중군사로, 최양을 하군사로 삼아 거란을 막게 하였다. 1차 고려-거란 전쟁은 2번의 큰 전투였던 봉산군 전투와 안융진 전투와 이후 진행된 두 번의 강화협상으로 전개되었다.[48]

고려와 거란의 최초 전투였던 봉산군 전투에서 고려는 지휘관이었던 선봉군사 윤서안이 포로가 되는 대패를 경험했다. 이후 소손녕은 고려 조정에 항복을 압박했다. 서희는 소손녕이 보낸 협박 서찰을 보고 "화친이 가능하다"는 판단을 내리고 성종에게 화친을 주청하였다. 고려 성종은 이몽전을 거란 진영에 보내어 화친을 요청하지만 서희의 판단과는 달리 소손녕은 화친을 거부하고 고려에게 항복을 다시 한번 더 강요했다.

이몽전의 화친 제안이 거절되고 소손녕의 압박 강도가 높아지자 고려 중신들은 전쟁을 거두고 항복하자는 투항파와 서경이북의 땅을 거란에 떼어주고 황주와 절영을 국경으로 삼자는 할지론을 중심으로 격론을 벌였다. 고려 성종과 대신들이 할지론으로 기울자 서희는 이에 반대하면서 "선항전, 후협상"을 주장했다.

이후 고려 조정에서 논쟁이 격화되는 상황에서 소손녕은 기병을 파병하여 안융진을 공격하는 2차 전투가 발생하였다. 안융진 전투에서는 봉산군 전투와는 달리 고려군이 대승을 거두었다.

안융진 전투에서 패한 소손녕은 고려에 사신을 보내 여전히 항복을 요구하였다. 성종은 장영을 협상대표로 보내 화의교섭에 대한 거란 측의 의사를 타진하게 하였다. 그러나 소손녕은 협상 대표자를 대신으로 격상할 것을 요구하였다. 이에 서희가 "선항전, 후협상"을 버리고 협상대표로 자원함에 따라 소손녕과 서희가 협상을 벌이게 된다.

협상을 위한 상견례 자리에서 소손녕은 자신이 대국의 귀인임을 내세워 서희에게 뜰 아래에서 절할 것을 요구하였고, 서희는 신하가 임금을 뵐 때만 뜰 아래에서 절하는 것이지 같은 대신끼리는 그렇게 할 수 없다고 화를 내며 숙소로 돌아와 누워 움직이지 않았다. 이에 소손녕은 당(堂) 위에서 대등하게 대면하는 예식 절차를 승낙하였고, 두 사람은 읍(揖)한 후 동서로 대좌하였다.

본 협상에서 소손녕이 말하기를 "당신의 나라는 옛 신라 땅에서 일어났고 고구려의 옛 땅은 거란의 소속인데 고려가 침식하였다. 또 고려는 거란과 연접하고 있으면서도 바다 건너 송나라를 섬기는 까닭에 이번 정벌을 하게 된 것"이라고 하였다.

이에 서희는 "우리는 고구려의 후예이므로 나라이름을 고려로 하고 평양을 도읍으로 정하였다. 경계를 가지고 말한다면 거란의 동경도 고려의 국토안에 들어와야 한다. 그리고 압록강 안팎도 고려 땅인데 지금 여진이 중간을 점거하고 있으므로 육로로 가는 것이 바다를 건너는 것보다 왕래하기 더 곤란하다. 국교를 통하지 못하는 것은 여진 탓이며, 여진이 차지하고 있는 고려의 옛 땅을 돌려주고 거기에 성과 보루를 쌓고 길을 통하게 한다면 어찌 국교를 맺지 않겠는가? 장군이 나의 의견을 거란의 임금에게 전달한다면 어찌 받아들이지 않겠는가?"하고 응대하였다.

소손녕이 담판의 내용을 자기 나라에 보고하였고, 이에 거란 임금은 "고려가 화의를 요청하였으니 군사를 철수시키라"고 지시하면서 협상과 전쟁이 종료되었다. 서희는 소손녕과의 강화협

상에서 거란과 외교관계를 수립하고 압록강 하구 일대 등의 전
략적 요충지인 강동 6주를 회복하는 성과를 얻었다.

[협상파워 분석]
　　고려 서희 장군이 거란 장수 소손녕과의 외교협상에서 사용
하였던 협상파워를 정리하면 다음과 같다.

1) 강력한 BATNA
　-봉산군 전투 패배 후 조정이 할지론으로 기울어졌으나 안융
진 전투 승리로 전투력에 자신감이 생겼다.
　-거란군이 60만명이라는 것은 허풍이고 기마병 6만명 정도라
는 군사적 지식과 평야를 버리고 험한 산에서 방어하는 청야수
성(淸野守城)전술로 전쟁을 각오하는 대안을 마련하였다.

2) 정보/전문성
　-송나라 사신으로 가서 신흥강국 거란에 대한 국제정세의 안
목을 키웠다.
　-광평성, 내사시랑, 병관어사 등 문관으로서 역사, 재정, 군사
지식에 밝았다.

3) 심리적 파워(영향력 전략)
　-단호함: 평등외교(절 거절)를 요구하고 필사즉생(必死卽生)의
각오로 단호한 자신감을 가지고 협상에 임하였다.
　-설득: 고려국호가 고구려 후예라는 명분과 국교수립 방해되는
여진의 존재를 논리로 무장하여 설득하였다.

4) Power Technique(change/use)
　-창의적 옵션개발: 여진 퇴치의 공동목표 달성으로 영토확장과
국교수립의 실리를 챙겼다.
　-합의실행: 합의안을 거란 임금에게 재가 받아오도록 요청하였다.

Competency 4. 파워역량

협상전략에 맞는 협상력을 구사하라!

협상력은 힘의 원천과 힘의 적용으로 구성되며 이들을 요약하면 다음과 같다.

힘의 원천	힘의 적용
1) 정보와 전문성 힘 　　신뢰감, 희귀성, 메시지, 　　전문성 2) 자원의 통제 　　화폐, 물품, 시간, 　　서비스, 인적자원 3) 합법성 힘 　　권위, 평판, 실적 4) 구조의 위치 　　중심 위치, 필수성, 　　유연성, 가시성 5) 개인적 힘 　　친밀감, 정직, 끈기, 감정	1) 설득 2) 교환 3) 합법성 4) 친화력 5) 비위맞추기 6) 칭찬 7) 단호함 8) 영감의 호소 9) 협의 10) 압력 11) 연합

협상전략을 성공적으로 수행하기 위해 협상력의 원천과 적용방법을 적절하게 선택하여 활용해야 한다.

협상전략	협상력	
성과·관계 결합	힘의 원천	힘의 적용
회피	정보/전문성	단호함
경쟁	정보/전문성, 자원통제, 합법성, 구조위치, 개인적 힘	설득, 합법성, 단호함, 압력, 연합
양보	정보/전문성, 개인적 힘	교환, 친화력, 칭찬, 협의
협력	정보/전문성, 개인적 힘	설득, 교환, 친화력, 칭찬, 영감호소, 협의
타협	정보/전문성, 자원통제, 합법성, 구조위치, 개인적 힘	설득, 교환, 합법성, 친화력, 비위맞추기, 협의, 연합

협상전략에 따른 협상력 활용은 절대적이지 않으며 협상전략의 기본원리를 터득한 후 그 원리에 맞는 자신만의 최적의 원천과 적용을 선택하면 된다. 협상 과정 중 협상전략이 바뀐다면 그에 따라 협상력 활용을 바꾸는 유연한 자세가 필요하다. 또한 협상력의 원천으로서 BATNA와 심리적 파워를 적극 활용하는 전략이 협상성공에 기여할 것이다.

협상명언 4

협상전략의 성공은
적합한 협상력을 활용해야 가능하다!

제2부 실행역량 개발

성공하는 협상의 실행

제5장 절차역량:

성공하는 협상은 어떤 절차로 진행할 것인가?

앞의 제4장까지 우리는 협상의 기초에 대해 이해하였다. 협상이 왜 중요한지, 원하는 협상이 무엇인지, 이를 성공시키는 협상은 어떤 전략으로 가능하고 어떤 협상력이 필요한지를 살펴봄으로써 성공하는 협상을 어떻게 하면 달성할 수 있을지에 대해 그림을 그려내는 작업을 마무리하였다. 이제 성공하는 협상을 펼쳐내어 실행하는 단계로 들어가 보자. 성공하는 협상을 어떤 절차로 진행할지 절차적 계획을 세우고 실행해야 한다.

협상의 절차를 강물의 흐름에 비유하여 설명하는 문헌을 소개한다.[49]

"강물은 오랫동안 한 지점에서 다른 지점으로 흐른다는 것을 예측할 수 있지만 어느 날은 예측이 힘들 수도 있다. 멀리서 보면 강물이 부드럽게 흐르고 있지만 가까이에서 보면 파도와 해오리 같은 물결이 치고 있다. 거시적 흐름과 미시적 상호작용은 협상의 역동성을 설명하고 있다."

1. 협상절차의 종류

협상을 실행하는 절차는 협상가에 따라 그리고 쟁점과 상황에 따라 다양해서 일률적으로 정하기는 쉽지 않지만 오랜 경험과 연구들에 의해 개발된 절차들 중에서 참고할만한 전형을 제안해볼 수 있다. 협상절차의 전형을 익힌 다음 숙달되면 유연하게 자신의 패턴을 만들어 가면 될 것이다.

제3장 전략역량에서 협상의 전략은 회피, 경쟁, 양보, 협력, 타협의 5가

지로 구분됨을 살펴보았는데 그 절차가 모두 개별적으로 존재하기보다 연계되어 있다. 실제 협상의 절차는 두 가지 대표적 형태인 경쟁적 협상절차와 협력적 협상절차로 구분된다. 그럼 회피, 양보, 타협전략의 절차는 어디에 있는가. 사실 회피, 경쟁, 양보, 타협은 전통적으로 협상이 진행되는 패러다임 속에 상황에 따라 나타나는 형태이므로 경쟁적 협상절차 속에 다 포함될 수 있다. 그러나 협력적 협상절차는 현대에 와서 협상가들에게 모두 바람직한 결과를 가져다주는 모델로서 창조되었기 때문에 전혀 다른 새로운 패러다임의 절차이다. 그래서 여기서는 경쟁적 협상절차와 협력적 협상절차로 구분하고 회피, 양보, 타협전략의 절차는 경쟁적 협상절차에서 부분적으로 결합될 것이다.

2. 경쟁적 협상절차

경쟁적 협상절차는 원래 Folberg and Golann(2011)의 분배적 협상절차를 활용하여 재구성하였다.[50] 협력적 협상절차와 비교를 위해서 경쟁적 협상절차도 7단계로 정리하였다.

1) 협상준비

준비단계에서는 양측을 평가하고 목표를 설정하게 되는데 경쟁적 협상은 협상력의 크기에 따라 협상결과가 달라지므로 협상력 평가와 상호 입장이 무엇인지를 결정하는데 중점을 두고 있다. 협상가는 마지노선이라고 할 수 있는 최저선(bottom line)을 정해야 한다. 최저선은 경쟁적 협상에서 양보할 수 있는 마지막 한계점을 말한다. 그리고 협상가가 설정해야 할 목표는 최저선보다는 높은, 자신이 원하고 긍정적인 어떤 수준을 말한다. 간단하게 절차를 설명하는 이곳에서는 최저선과 목표를 설정하는 정도로 언급하지만 협상준비가 매우 중요하므로 다음 장에서는 깊이 있게 서술할 것이다.

2) 초기접촉

초기에 서로 만나 먼저 인사하고 상호소개를 한 다음 대화를 시작할 때 점검해야 할 일들이 있다. 먼저 목소리를 강한 어조로 할지, 부드러운 어조로 할지 등 톤을 결정해야 한다. 그리고 경쟁적 협상은 상대가 신임장은 있는지 권한을 확인하고 요구사항이 무엇인지, 어떤 제의를 할지를 결정한다.

3) 정보교환

협상에서 정보가 어떤 역할을 하는가가 협상유형에서 매우 중요하다. 경쟁적 협상에서 정보가 경쟁의 우위를 점하기 위한 일종의 무기가 된다. 경쟁적 협상에서 협상가는 서로 자신을 과대평가하고 상대방은 과소평가하며, 정보를 주 무기로 하여 교섭한다. 또한 협상가는 자신의 입장을 진술하고 공식적으로 요구하는 모양을 취한다.

4) 교섭

필요한 정보를 교환하고 입장을 확인했다면 이제 본격적으로 교섭을 할 단계이다. 자신의 입장을 관철하기 위해 논쟁과 설득을 사용하며 양 당사자들이 타협을 이끌어내기 위해서는 서로 일정한 양보를 하기도 하고 때로는 연합하고 저항하기도 한다.

이 교섭단계에서 협상가는 경쟁적으로 상대방을 압도하는 성과를 내고 싶지만 상대방도 같은 협상력으로 대응해 올 때 협상을 성사시키기 위해 서로 타협할 수 있다. 타협전략은 처음부터 준비해서 추구하기보다 경쟁 전략을 실시하다가 목표를 달성하기 어려울 때 차선책으로 타협하는 전 략으로 사용되곤 한다. 또한 수용전략도 처음부터 양보하겠다고 시작하 기보다 경쟁적으로 진행하다가 상대방과의 관계의 중요성을 고려하여 성 과를 양보하는 결론에 도달할 가능성이 높다. 회피전략도 처음부터 협상 장에 나타나지 않는다면 협상이 진행되지 않지만 협상이 진행된 후 중간 에서 철회한다면 경쟁전략으로 시작했다가 회피전략으로 전환한 모양이 다. 따라서 타협, 양보, 회피전략은 경쟁전략과 같은 절차로 진행되다가 교섭이나 합의단계에서 변형되어 나타나게 된다.

5) 마무리

마지막 협상의 타결을 위해 최종 마무리할 때도 경쟁적 협상은 안심할 수 없고 매우 조심해야 한다. 협상가는 자신이 가진 힘을 사용하고 때로는 위협을 가하기도 하고, 제의를 할 시간제한을 설정하여 상대를 압박하기 도 하고 그래서 상대방이 어떤 제의를 해 오면 이를 평가해서 수용할지를 결정해야 한다.

6) 합의도출

경쟁적 협상에서는 최종 합의하기 전에 난국(impasse)의 위기가 발생 할 가능성이 항상 존재한다는 것을 잊어서는 아니 된다. 상대방이 때로는 어떤 조건을 추가해서 협상을 어렵게 할 수도 있다. 결국 타협으로 문제를 해결할 가능성이 높다. 난국을 극복하기 위한 기술들을 제9장에서 별도로 설명할 것이다.

7) 합의서 작성

합의가 이루어졌다면 합의문 초안을 작성해야 하는데 경쟁적 협상은 그 초안에 대해서도 반대하거나 다시 협상을 하려고 할 수도 있다. 초안이 최종 완성되면 그 자리에서 바로 최종 협상이 타결될 수도 있으나 필요할 경우 승인을 하고 인준하는 절차를 밟을 수도 있다.

이상 7단계의 경쟁적 협상절차를 요약하면 <표 5-1>과 같다.

<표 5-1> 경쟁적 협상절차의 7단계

경쟁적 협상절차	
단계	주요내용
1.협상준비	-당사자 협상력 평가 -입장과 최저선 결정 -목표설정
2.초기접촉	-상호소개 -최초 요구나 제의
3.정보교환	-질문하기 -정보적 교섭 -입장 진술
4.교섭	-논쟁과 설득 -양보하기
5.마무리	-힘과 위협 사용 -시간제한 설정 -제의 평가
6.합의도출	-난국 가능성 -조건추가 -타협
7.합의서작성	-초안 협상 -승인, 인준, 합의

출처: 원창희 (2016), p.87. 원전에서는 경쟁적 협상은
분배적 협상으로 표기되어 있으나 동일한 의미이다.

3. 협력적 협상절차

협력적 협상절차 모형은 위스콘신대학교와 미국 연방조정알선청(FMCS)에서 교육 매뉴얼로 활용하고 있는 원원협상(Win-Win Negotiation) 또는 이해기반협상(Interest-based Negotiation)을 참고하여 7단계로 재 작성하였다.[51] 다른 문헌에서는 협력적 협상(Collaborative Negotiation)을 통합적 협상(Integrative Negotiation)으로 표기하기도 한다.[52] 협력적 협상은 또한 이해기반협상이나 원칙적 협상(Principled Negotiation)으로도 불린다.[53]

1) 협상준비

협력적 협상은 경쟁적 협상과 달리 이해관계를 중요시 하고 양측이 각자의 이해관계를 충족시켜 원원할 수 있다는 믿음을 가지는 것이 필요하다. 도출한 합의안이 결렬시 최선대안(BATNA)보다 나으면서 양측의 이해관계를 충족하는 원원의 목표수준을 설정해야 한다. 이를 위해 BATNA와 이해관계를 파악하도록 노력해야 한다.

2) 쟁점의 선정

먼저 협상에 참가하는 양측 당사자들이 별도로 모여 사전 협상준비를 하고 협상테이블에 모이게 한 다음 개회식을 한다. 각 집단은 대표를 선임하고 대표로 하여금 개회사를 연설하게 한다. 각 대표는 자기 협상팀의 멤버를 소개하는 시간도 필요하다. 상호소개가 있고난 다음 협상에서 논의할 쟁점이나 문제점이 무엇인지 선정하게 된다. 양측이 선정된 쟁점의 특성과 범위를 파악해야 한다. 이 단계에서는 옵션이나 이해관계에 대해 논의하지 말아야 한다.

3) 이해관계의 식별

당사자 양측을 별도로 개별회의를 통해 미리 선정된 쟁점에 대한 이해관계(interest)를 식별하는 단계이다. 이해관계란 앞에서도 설명하였듯이 입장을 취하게 된 진정한 이유나 속마음을 말한다. 양측의 이해관계를 식별하여 플립차트에 기록하되 각자 6-7개 정도 리스트를 작성할 필요가 있다. 본 쟁점을 선택하게 된 이유는 무엇인지, 항목들 중에 관심보다 입장, 요구, 제안, 해결은 들어 있는지 검토함으로써 이해관계를 더 정확하게 식별할 수 있다. 전체회의에서 양측대표가 리스트를 설명하고 필요하면 질문과 토의를 할 수 있다. 이 중에서 공통의 이해관계를 식별해 내는 것이 합의도출을 위해 중요하다.

4) 옵션의 개발

공동의 이해관계를 충족시키는 옵션을 발굴하고 각자의 이해관계를 충족시키는 옵션을 제안하도록 유도한다. 브레인스토밍을 사용하고 각 옵션을 플립차트에 기록하며 모든 항목에 번호를 부여한다. 중복된 옵션이나 명백한 하자가 있는 표현은 제거하고 어색한 표현은 수정하도록 한다.

5) 옵션의 평가

옵션을 평가하려면 먼저 평가기준을 설정해야 한다. 평가기준은 사전에 정해진 것은 없으며 양측이 옵션을 평가하기 위해서 적절한 기준을 함께 선정하면 된다. 예를 들어 합법성, 예산가용, 수용성, 실천가능성 등 옵션을 효과적으로 평가할 기준을 설정하면 된다. 이러한 독립적 기준 리스트를 이용하여 옵션평가표를 만들 수 있다. 각 대안이 기준리스트에 부합하는지를 논의하고 모든 기준을 충족하는 옵션은 번호로 표시한다. 때로는 해결방안에 도달하기 위해 옵션을 결합하는 것도 가능하다. 옵션을 평가하는 유용한 방법으로서 다음과 같이 3단계 요소분석을 사용할 수도 있다.[54]

    1단계 실현가능성 : 합법성, 예산가능성, 실천성

    2단계 관심충족성 : 중요한 관심 충족

    3단계 수용가능성 : 양측의 수용여부, 공정성

    1단계에서는 옵션이 실현가능한지를 먼저 평가해보고 그 다음 2단계에서 각자의 관심을 충족하는지를 평가한 다음 마지막으로 3단계에서 양측이 수용하려고 하는지를 평가한다. 이 3단계 요소분석의 옵션평가표를 만들어서 중복이나 하자 있는 옵션은 제거하고 양측이 각 옵션에 대한 순위를 부여한 다음 상호 높은 순위 중심으로 수용성 등 논의하여 합의에 이르면 효과적이다.

6) 합의안의 도출

    평가기준을 충족시키면서 모든 관심을 충족시키는 옵션을 선택하거나 또는 옵션의 결합을 모색하여 최적 옵션을 찾아내는 것이 필요하다. 여기에 도출한 해결방안에 모든 참가자들이 동의해야 한다. 이때 해결방안은 각자의 BATNA보다 더 나은 방안인지 검토해야 한다. 양 측이 해결방안에 모두 만족해야 하고 합의가 되지 않으면 가정을 살펴보고 기준으로 돌아가 해결방안을 다시 찾아보는 노력을 해야 한다.

7) 협약서 작성

합의가 이루어졌다면 협약서를 작성해야 한다. 협약서에는 쟁점과 해결방안으로서 합의안의 구체적 내용, 당사자들이 자발적으로 합의를 한다는 선언적 문구를 포함해서 작성하고 날짜를 기입한 후 서명을 한다. 협약서는 두통을 작성하여 공증을 받고 서로 한부씩 보유한다.

이상 7단계의 협력적 협상절차를 요약하면 <표 5-2>와 같다.

<표 5-2> 협력적 협상절차의 7단계

협력적 협상절차	
단계	주요내용
1.협상준비	-이해관계 충족가능 믿음 -BATNA, 이해관계 파악 -윈윈의 목표설정
2.쟁점선정	-상호소개 -협상의 쟁점과 입장 진술
3.이해관계식별	-질문하기 -정보 교환 -욕구나 이해 진술
4.옵션개발	-브레인스토밍으로 옵션개발 -옵션 검토와 수정보완
5.옵션평가	-평가기준 설정 -평가기준에 의한 옵션평가 -옵션의 결합, 우선순위
6.합의도출	-BATNA검토 -가장 최적의 옵션을 결정 -상호만족 합의안 도출
7.합의서작성	-단일 문서합의에 동의 -승인, 인준, 합의

출처: 원창희 (2016), p.87. 원전에서는 협력적 협상은
통합적 협상으로 표기되어 있으나 동일한 의미이다.

Jerome Barrett의 P.A.S.T(IBN) 연구

[Jerome T. Barrett]

Jerome T. Barrett(1932~2020)는 1960년대에 미네소타 노동알선가로 시작해서 전국노동관계위원회(NLRB)에 근무했으며 미국 연방조정알선청(FMCS)에서 조정가로 일했다. 1969년 새로 설립된 전국분쟁해결센터(NCDS)에서 활동했고 1970년대 노조가입이 확대되면서 노동부(DOL)에서 일하다가 1973년 FMCS로 복귀하였다. 1980년대 Northern Kentucky대학에서 노사관계를 강의하면서 George Washington대학에서 교육학박사 학위를 취득했다. 다시 노동부로 와서 변화하는 파트너(Partners in Change)와 P.A.S.T로 불리는 이해기반교섭(interest-based bargaining(IBN) 교육프로그램을 개발하였다. 1988년 정부를 떠난 후 두 권의 IBN 저서를 내었고 Wisconsin 대학에서 IBN 비디오를 제작하였다.

저서: *P.A.S.T is the Future: A Model for Interest-Based Collective Bargaining That Works!*(1998); *A History of Alternative Dispute Resolution: The Story of a Political, Social, and Cultural Movement*(2004); *Interest-Based Bargaining: A Users Guide*(2006)

[P.A.S.T(IBN)]

P.A.S.T는 Principle(원칙), Assumption(가정), Steps(단계), Techniques(기법)의 첫 글자를 조합한 약자 단어이다. 원칙, 가정, 단계 및 기법을 지켜서 협상을 하면 서로 윈윈할 수 있다는 모형으로 교육과 실행에서 적용하기 쉽게 Interest-Based

Bargaining(IBN, 이해기반교섭)의 프로그램을 만들어서 두 모델 모두 동일한 원원협상 프로그램이다.[55]

P.A.S.T 모델의 각 글자들이 의미하는 내용을 정리하면 다음과 같다.[56]

Principle(원칙)

-성격이 아니라 쟁점에 집중하라.

-입장이 아니라 이해관계에 집중하라.

-상호이익을 추구하라.

-결과를 결정할 공정한 방법을 사용하라.

Assumption(가정)

-협상은 당사자들 관계를 개선한다.

-당사자들은 모두 협상에서 이길 수 있다.

-당사자들은 서로 이길 수 있게 도와줘야 한다.

-솔직한 토론과 정보공유는 상호이해관계와 옵션을 확장시킨다.

-상호 합의한 평가기준은 의사결정을 힘에 의존하지 않게 한다.

Steps(단계)

(협상 전 단계)

-협상을 준비하라.

-시작발언을 개발하라.

(협상단계)

-쟁점들에 합의하라.

-각 쟁점의 이해관계를 식별하라.

-각 쟁점에 대한 옵션을 개발하라.

-수용가능한 기준을 만들어라.

-기준으로 옵션들을 평가하라.

Techniques(기법)
 -아이디어 차팅: 플립차트 위에 참석자들의 아이디어를 모두 잘 볼 수 있게 기록하는 기법.
 -브레인스토밍: 아이디어의 질이 아니라 양을 강조하면서 아이디어를 개발하는 집단적 과정의 기법
 -합의안 도출: 각 자가 모두 참여했고 이 결정을 선호하지 않지만 공개적이고 공정하게 도달했으며 현재 상황에서 최선의 해결방안이라 정직하게 말할 때 합의에 의한 결정이다.
 -기타: 듣기, 커뮤니케이션, 문제해결, 의사결정 등

[P.A.S.T 모델의 적용 사례]
  P.A.S.T 모델의 훈련에 참여한 업종은 철강, 고무, 식품, 알루미늄, 전자, 기계장비, 제지, 가전제품, 인쇄제지, 공공시설, 군용차량, 광산, 의료, 연방정부, 지방정부, 교육기관 등을 포함하고 있다. 또한 훈련에 참여한 노동조합은 AFCNME, AFGM, AFGE, AFT, ANA, GCIU, IBEW, IBT, IAM, IUE, NEA, NIFFE, OCAW, SEIU, UAW, USWA, IUOS, UPIU, URW 등을 포함한다.[57]
  P.A.S.T 모델 훈련을 한 후 직접 교섭에 적용한 정도를 수준별로 구분하면 다음과 같다.
  제1수준: 당사자들이 P.A.S.T 모델을 모든 쟁점에 완전하게 적용하여 사용했고 일상적 관계에도 사용하고 있다.
  제2수준: 당사자들이 P.A.S.T 모델을 협상에서 많은 쟁점에 사용했지만 몇가지 쟁점은 입장교섭을 하였다.
  제3수준: 당사자들이 P.A.S.T 모델을 완전히 사용진 않았지만 과거보다는 덜 입장에 의존하고 옵션단계도 사용하였다.
  제4수준: 당사자들이 P.A.S.T 모델을 완전히 사용진 않았지만 덜 경쟁적이고 상호성에 대해 대화하였다.

  출처: Barrett(1990)

4. 경쟁적-협력적 협상절차의 비교

앞의 경쟁적 협상과 협력적 협상을 약간의 임의성이 있지만 동일하게 7단계로 정리하였는데 이들을 서로 비교하기 위해 <표 5.3>의 표를 만들었다. 협력적 협상은 경쟁적 협상의 7단계와 정확하게 단계별로 매치가 잘 되지 않을 수 있지만 중간단계에서 거쳐야 하는 절차들을 비교하였다. 그래서 두 협상절차는 협상준비, 합의도출, 합의서 작성은 같은 단계의 이름을 가지지만 2-5 중간 단계들은 다른 이름을 부여하여 구분하였다.

<표 5-3> 경쟁적-협력적 협상절차의 7단계 비교

경쟁적 협상절차		협력적 협상절차	
단계	주요내용	단계	주요내용
1.협상준비	-당사자 협상력 평가 -입장과 최저선 결정 -목표설정	1.협상준비	-이해관계 충족가능 믿음 -BATNA, 이해관계 파악 -윈윈의 목표설정
2.초기접촉	-상호소개 -최초 요구나 제의	2.쟁점선정	-상호소개 -협상의 쟁점과 입장 진술
3.정보교환	-질문하기 -정보적 교섭 -입장 진술	3.이해관계식별	-질문하기 -정보 교환 -욕구나 이해 진술
4.교섭	-논쟁과 설득 -양보하기	4.옵션개발	-브레인스토밍으로 옵션개발 -옵션 검토와 수정보완
5.마무리	-힘과 위협 사용 -시간제한 설정 -제의 평가	5.옵션평가	-평가기준 설정 -평가기준에 의한 옵션평가 -옵션의 결합, 우선순위
6.합의도출	-난국 가능성 -조건추가 -타협	6.합의도출	-BATNA검토 -가장 최적의 옵션을 결정 -상호만족 합의안 도출
7.합의서작성	-초안 협상 -승인, 인준, 합의	7.합의서작성	-단일 문서합의에 동의 -승인, 인준, 합의

출처: 원창희 (2016), p.87. 원전에서는 경쟁적 협상은 분배적 협상으로, 협력적 협상은 통합적 협상으로 표기되어 있으나 각각 동일한 의미이다.

경쟁적 협상과 협력적 협상의 절차상 핵심 차이는 정보교환과 이해관계식별 단계부터 시작된다. 경쟁적 협상은 표면상 드러나는 입장을 진술하고 이를 고수하기 위해 논쟁하고 설득하려고 하는데 반해 협력적 협상은 내면에 있는 욕구와 이해관계를 식별해서 이를 충족시키는 옵션들을 개발한다. 합의도출과정에서도 경쟁적 협상은 힘과 위협을 사용하여 상대로부터 많은 양보를 얻어내려고 하는데 반해 협력적 협상은 평가기준을 사용하여 양측의 이해관계를 충족하는 가장 최적의 옵션을 찾아내려고 해서 매우 상반되는 절차이다.

경쟁적 협상절차와 협력적 협상절차의 핵심 차이가 입장과 이해관계를 어떻게 활용하느냐에 달려 있어서 입장(position) 중심과 이해관계 (interest) 중심이라 칭하고 각각 P기법, I기법이라 표기하여 도식화하면 [그림 5-1]과 같다.

[그림 5-1] 경쟁적 협상의 P기법과 협력적 협상의 I기법 비교

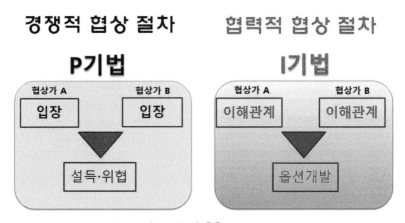

[그림 5-2] 경쟁적-협력적 협상절차 비교

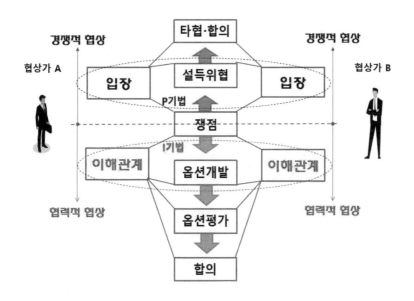

P기법과 I기업을 포함하여 경쟁적 협상절차와 협력적 협상절차를 비교하여 그림으로 나타내면 [그림 5-2]와 같다. 먼저 경쟁적 협상은 쟁점에 대한 상호 입장을 고수하면서 설득과 위협을 사용하여 서로 유리한 결과를 만들려고 하지만 나중에는 조금씩 양보하여 결국 타협에 이른다는 절차가 쟁점을 중심으로 상단부분에서 보이고 있다.

협력적 협상은 반대로 쟁점에 대해 이해관계를 충족시키는 옵션을 개발하려고 노력하고 개발된 옵션들을 평가기준을 이용하여 평가함으로써 서로가 만족하는 최선의 옵션을 합의안으로 도출한다는 절차가 쟁점을 중심으로 하단부분에서 보이고 있다.

5. 경쟁적 협상절차와 협력적 협상절차의 사례

1) 경쟁적 협상절차의 사례: 아파트 매매

구매자 협상가 A는 직장을 옮기는 바람에 직장 근처에 새로 이사 갈 집을 찾고 있는데 마땅한 물건이 나오지 않다가 2개월이 지난 시점에 5년 된 32평형 아파트가 매물로 나왔다. 집주인 협상가 B는 7억 원에 집을 매각하려고 부동산에 내어놓았다. A는 6억7천만 원 정도면 사고 싶은데 그 가격은 3천만 원이 더 높다. 그러나 A는 마음속으로 융자를 해서라도 지급할 최대의 금액을 7억2천만 원으로 설정하고 있다.

A는 가격을 흥정하기 위해 처음으로 6억5천만 원이라면 살 용의가 있다고 제시했다. B는 7억 원에 집을 내어놓았지만 6억8천만 원이면 팔겠다고 생각하고 있다. 그러나 최대로 양보해서 6억4천만 원까지는 팔아야 한다고 생각한다. 그래서 판매자의 최대양보가격(최저점)은 6억4천만 원이고 구매자의 최대양보가격은 7억2천만 원이기 때문에 합의가능영역 (ZOPA)는 그 차액인 8천만 원이다([그림 5-3], <표 5-4> 참조).

[그림 5-3] 경쟁적 협상의 협상구조(아파트 매매)

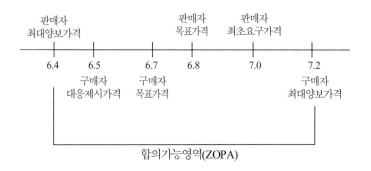

<표 5-4> 경쟁적 협상절차의 사례(아파트 매매)

단계	주요내용	사례
1.협상준비	-당사자 협상력 평가 -입장과 최저선 결정 -목표설정	-A는 아파트구매 관련 많은 정보를 수집해 있고 B도 부동산 중개업자로부터 아파트매매 관련 정보를 수집해 있다면 협상력이 양자 모두 상당할 것으로 평가 -A는 목표를 6억7천만 원으로 설정하였지만 최저선은 7억 2천만 원으로 생각하고 있음 -B의 목표는 6억8천만 원이나 최저선은 6억4천만 원으로 설정
2. 초기접촉	-상호소개 -최초 요구나 제의	-B의 최초 요구는 7억 원으로 부동산중개소에 물건을 내어 놓았으나 A는 6억5천만 원으로 대응 가격을 제시하였음
3. 정보교환	-질문하기 -정보적 교섭 -입장 진술	-A와 B는 집의 상태와 학교, 상가, 관공서 등의 위치 그리고 주변시세에 대해서 정보를 교환함 -A, B는 초기제안 가격을 고수하는 입장을 취함
4. 교섭	-논쟁과 설득 -양보하기	-A는 집과 위치, 주변시세를 들어서 6억6천만 원이면 사겠지만 더 이상은 안 된다고 하고 B도 아파트가격이 상승세라 6억9천만 원 아래로는 안 된다고 주장
5. 마무리	-힘과 위협 사용 -시간제한 설정 -제의 평가	-A는 다른 집을 봐야겠다고 나가려고 하고 B도 어제 보고 간 구매자가 저녁에 또 와서 결정하기로 했다며 싼 가격에는 팔지 않겠다고 함 -B는 오후 6시까지 결정하지 않으면 다른 구매자와 계약할 것이라고 압박
6. 합의도출	-난국 가능성 -조건추가 -타협	-A는 베란다샷시가 낡아서 교체해주면 6억7천만 원까지 사겠다고 하자 B는 샷시 교체는 해주지만 6억8천만 원이 하는 안 된다고 상호 약간씩 양보 -중개업소의 도움도 받아서 결국 베란다샷시를 하는 조건에 6억7천5백만 원에 거래가 성사됨
7. 합의서 작성	-초안 협상 -승인, 인준, 합의	-부동산중개업자가 부동산매매계약서를 작성해서 계약금으로 6,750만 원을 오늘 입금하는 것으로 하고 A, B가 조건을 확인한 후 서명함

2) 협력적 협상절차의 사례: 전자부품 납품

원청회사인 전자회사 A와 협력업체인 부품회사 B가 스위치 부품 공급 계약을 협상하고 있다. B가 향후 6개월간 1만 개 스위치를 생산해서 A에게 공급하는 계약이다. A회사는 가능한 낮은 가격을 원하지만 B회사와 장기적 관계를 유지하는데도 관심이 있다. B회사는 가능한 높은 가격을 원하지만 A회사와의 좋은 관계도 유지해야 한다. 대금지불 기간의 경우

A회사는 자금 활용 측면에서 가능한 장기를 원하고 있으나 B는 짧은 지불 기간을 원하고 있다. A회사는 자금 활용에 더 큰 관심이 있고 B회사는 낮은 인건비 인상에 더 큰 관심이 있다. 각자 어떤 관심 사항을 상대방에게 공개하고자 한다. 가격에서 A회사는 2500원을 목표하고 있지만 B회사

<표 5-5> 협력적 협상 절차의 사례(전자부품 납품)

단계	주요내용	사례
1.협상준비	-이해관계 충족가능 믿음 -BATNA, 이해관계 파악 -윈윈의 목표설정	-A는 양질의 부품을 안정되게 납품받고자 하고 B는 높은 가격에 부품을 장기적으로 납품하기를 원함 -A의 BATNA는 다른 협력업체를 찾는 것이고 B의 BATNA는 다른 원청업체를 찾는 것임 -스위치 가격은 A는 2,500원, B는 3,000원을, 지불기한은 A는 60일, B는 30일을 목표로
2.쟁점선정	-상호소개 -협상의 쟁점과 입장 진술	-스위치 납품가격을 쟁점으로 결정하기로 함 -A는 2,000원에 납품단가를 제안하였으나 B는 3,500원을 요구하였음 -A는 90일을 요구하였으나 B는 15일을 제안함
3.이해관계 식별	-질문하기 -정보 교환 -욕구나 이해 진술	-A와 B는 가격을 제안한 이유에 대해 질문하고 정보를 교환하였음 -A는 업계의 경쟁이 심하고 신공정 생산라인 도입으로 자금압박을 받고 있다고 높은 가격에 난색을 표하였고 B는 직원들 급여가 동종업종에 비해 낮아서 이직이 심해 급여를 좀 높여야 한다고 함
4.옵션개발	-브레인스토밍으로 옵션 개발 -옵션 검토와 수정보완	-상호 이해관계를 염두에 두며 옵션개발 참여 -가격과 지불기한 옵션 (A요구안) 가격 2,000원, 지불기한 90일, (B요구안) 가격 3,500원, 지불기한 15일 (1안) 3,000원, 40일, (2안) 2,750원, 53일, (3안) 2,500원 65일, (4안) 3,000원 60일
5.옵션평가	-평가기준 설정 -평가기준에 의한 옵션평가 -옵션의 결합, 우선순위	-실현가능성, 관심충족성, 수용가능성 평가기준 -평가기준으로 6개 옵션을 평가(<표 5.6>)
6.합의도출	-BATNA검토 -가장 최적의 옵션을 결정 -상호만족 합의안 도출	-4안을 가장 최적의 옵션 -4안이 각자 BATNA보다 더 나은 것으로 평가 -4안을 최종 합의안으로 확정
7.합의서 작성	-단일 문서합의에 동의 -승인, 인준, 합의	-A사와 B사는 스위치 개당 3,000원에 60일 지불유예 기한을 내용으로 하는 합의서 작성 -문서확인 후 서명하고 원본 한부씩 양사에 배포

는 3000원을 목표로 하고 있다. 지불기간에서 A회사는 60일을 목표하고 있지만 B회사는 30일을 목표로 하고 있다. 그러나 초기에 A회사는 2,000원과 90일을 제안했고 B회사는 3,500원과 15일을 요구하였다. 두 회사는 완성품에 기능과 모양에서 적합하게 조화가 되도록 새로운 스위치를 디자인하는데 협력하기로 하였다.(<표 5-5>, <표 5-6> 참조).

<표 5-6> 옵션 평가표

평가기준 옵션	실현가능성		관심충족성		수용가능성		합의안
	A	B	A	B	A	B	
B요구안: 3,500원/15일	X	O					
1안: 3,000원/40일	O	O	△	O	X	O	
2안: 2,750원/53일	O	O	O	O	O	O	
3안: 2,500원/65일	O	O	O	△	O	X	
4안: 3,000원/60일	O	O	O	O	O	O	★
A요구안: 2,000원/90일	O	X					

[특별연구 3]
복수 쟁점의 합의가능영역과 합의 도출

협력적 협상절차의 사례에서 개발된 옵션들을 비교하여 합의안을 만들기 위한 효과적인 방법을 [그림 5-4]에서 볼 수 있다. A요구안(2,000원, 90일)과 B요구안(3,500원, 15일)을 잇는 직선은 가격과 지불기일의 대체관계를 보여주는 가격선을 나타낸다. 두 점 사이의 영역은 협상할 수 있는 협상가능영역으로 표시할 수 있다. A요구안과 B요구안은 A와 B가 각각 자신이 가장 선호하고 만족하는 최고 효용가치(utility value)를 가지고 있는 지점이 된다. A와 B는 그 지점에서 상대방 지점으로 갈수록 효용가치, 즉 만족도가 떨어진다. 여기서 효용이론을 이용한 파레토 최적(Pareto Optimal)을 발견하는 것이 최선의 합의안이 될 것이다.

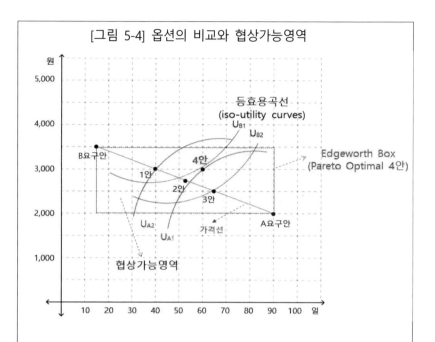

[그림 5-4] 옵션의 비교와 협상가능영역

A가 가지는 효용은 UA1를 따라 동일한 값을 가지므로 UA1을 등효용 곡선(iso-utility curve)이라한다. UA2도 A의 등효용곡선이지만 UA1 보다 낮은 등효용곡선이다. B의 경우에도 UB1, UB2라는 순서대로 크기가 작은 등효용곡선를 가진다. A는 가격보다 지불기일을 상대적으로 더 선호해서 기울기가 가파른 곡선을 보이고 B는 지불기일보다 가격을 상대적으로 더 선호해서 기울기가 완만한 곡선을 보이고 있다. 여기서 등효용곡선이 서로 접하는 점이 파레토 최적점이 되는데 [그림 5-4]에서 4안이 바로 그 점이며 서로에게 최적의 만족을 주고 있다. 1안은 A가 싫어하는 안이고 3안은 B가 싫어하는 안이다. 2안은 A, B 모두 수용할만한 안인데 4안이 2안보도 두 사람 모두 선호하므로 4안이 최선의 옵션이 된다. 그림에서도 A, B 모두 2안에서 4안으로 이동할수록 만족도가 높아져서 최적에 도달하게 되어 파레토 최적이라 한다.

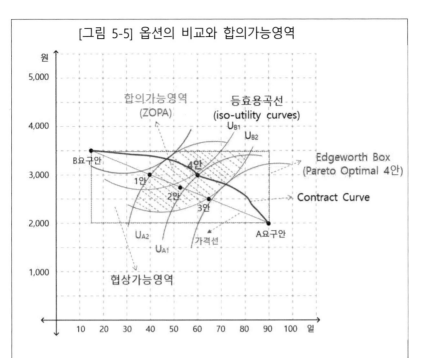

[그림 5-5] 옵션의 비교와 합의가능영역

합의가능영역
(ZOPA)

등효용곡선
(iso-utility curves)

Edgeworth Box
(Pareto Optimal 4안)

Contract Curve

협상가능영역

[그림 5-5]는 합의가능영역을 보여주고 있다. 두 요구안 사이의 직사각형은 일종의 Edgeworth Box인데 파레토 최적점들을 연결하면 계약곡선(Contract Curve)을 도출할 수 있다.[58] 계약곡선에서는 효율성을 달성하는 최적점들이지만 협상에서는 당사자들이 합의가 가능한 영역은 제한적일 수 있다. 쟁점이 한 가지일 경우 최대양보가치 사이에 영역을 합의가능영역(ZOPA)이라 하는데 쟁점이 두 가지일 경우 BATNA 등을 고려하여 최저 효용가치를 결정하고 그 이상 영역을 합의가능영역으로 표기할 수 있다. [그림 5-5]에서 A의 경우 UA2를 최저 효용가치라고 하고 B의 경우 UB2를 최저 효용가치라고 가정하면 Edgeworth Box의 협상가능영역 중에서 UA2와 UB2 사이의 빗금친 영역이 바로 합의가능영역이다. 이 영역 내에서 1, 2, 3, 4안이 모두 가능하지만 4안이 당사자들이 모두 수용하는 최선의 대안이어서 합의안이 된다. 4안은 비교적 높은 가격과 장기 지불기한으로 구성되어 있는데 이는 A의 경우 지불기한에 대한 상대적 높은 선호도와 B의 경우 가격에 대한 상대적 높은 선호도를 반영한 합의안이다. 말하자면 선호도가 높은 쟁점을 유리하게 취하려는 결과이다.

6. 협상절차에 사용되는 용어 정리

협상절차에서 사용되는 용어들은 문헌별로 어느 정도 정의나 설명을 제공하고 있지만 정확하게 설명을 하는 몇 개의 문헌을 참고하여 정리하였다.[59]

1) 쟁점(issue)

쟁점은 협상의 주제나 안건을 말한다. 예를 들면 31평 아파트 집 주인이 어떤 매수자와 아파트가격을 협상하고 있다면 아파트가격이 쟁점이다. 그리고 IT기술자가 회사와 자신의 연봉을 인상하는 협상을 하고 있다면 연봉인상이 쟁점이다.

2) 입장(position)

입장이란 어느 한 당사자가 어떤 쟁점에 대해 자신의 해결방안을 진술한 것을 말한다. 31평 아파트 집 주인이 8억원으로 매매가를 요구했을 때 바로 8억원이 입장이다. 또 다른 예로는 IT기술자가 올해 연봉의 10% 인상을 요구했을 때 이 10% 인상이 입장이다.

3) 이해관계(interest)

이해관계란 어느 한 당사자가 어떤 쟁점에 대해 자신의 관심을 표현하는 것이다. 이해관계는 입장을 표출하는 내면의 욕구나 관심사항이므로 겉으로는 드러나 있지 않다. 31평 아파트 집 주인이 8억원을 요구한 것은 최근 같은 단지 내 31평 아파트가 8억원으로 거래되고 있기 때문이라고

하면 단지 내 아파트 시세가 이해관계이다. 또 IT기술자가 연봉 10% 인상을 요구한 이유는 작년 업무수행을 완벽하게 완수했기 때문이라고 하면 작년 업무수행 완수가 이해관계이다.

4) 옵션(option)

옵션이란 한 이해관계를 충족시키는 해결방안을 말한다. 한 쟁점에 관련된 옵션들은 매우 많이 존재할 수 있다. 옵션은 평가되지 않고 나중에 판단하게 된다. 예를 들어 사과 한 개를 두 사람이 나누어 가지는 옵션은 한 사람이 다 가지는 옵션, 서로 반씩 가지는 옵션, 6:4로 배분하는 옵션 등 여러 가지 옵션이 나올 수 있다.

옵션(option)과 대안(alternative)을 때로는 같이 사용하기도 하지만 협상에서는 중요한 차이점이 있다. 옵션은 양측이 합의에 이르기 위해 고려하는 가능한 거래의 일부로서 파이확대, 창의성을 요구하는 것인데 반해 대안은 협상가가 자신을 위해 취할 수 있는 행동을 말한다.

5) 기준(standard)

기준은 옵션들 중에 비교하고 판단할 특성이나 요소를 말한다. 옵션을 평가할 때 사용되는 기준이므로 평가기준이라고도 한다. 전형적으로 사용되는 기준으로는 상호이익, 지역이나 산업관행, 비용효과성, 간편성, 합법성, 공정성, 수용성, 실천가능성, 예산가용 등이 있다.

6) BATNA

BATNA는 영어로 'The Best Alternative to a Negotiated Agreement'의 약자로서 '협상 결렬 시 최선 대안'이라고 번역할 수 있다. 이 용어는 윈윈협상의 바이블이라고 할 수 있는 "Getting to Yes"에서 처음으로 사용되었다. 모든 협상당사자는 상대방과의 합의에 이르지 못하면 가질 수 있는 대안이 있는데 현재 진행 중인 협상이 결렬되면 취할 수 있는 가장 최선의 대안이 바로 BATNA이다.

BATNA는 아주 매력적일 수 있고 아주 두려울 수도 있다. 중요한 점은 협상가는 BATNA보다 나쁜 합의는 절대로 해서는 아니 된다는 것이다. 협상에서 대안(alternative)이란 한 협상가가 상대방 협상가의 동의 없이 취할 수 있는 행동을 말한다. 존재하는 가능한 대안들을 식별하고 장단점을 평가하여 가장 최선의 대안을 BATNA로 선정하면 된다.

7) 최대양보가치(Reservation)

최대양보가치란 협상가가 더 이상 갈 수 없는 수준 또는 최저선(bottom line)을 말한다. 최대양보가치는 BATNA의 함수관계이지만 차이점이 있다. BATNA는 법원소송, 다른 주택구매, 다른 고용제안수용 등 행동을 의미한다. 경제적 가치로 환산해서 비교하지 않는 한 대안들의 비교는 매우 어렵다. 반면 최대양보가치는 상대방이 제안하는 것을 수용할 것인지 그냥 자신의 BATNA로 걸어나갈 것인지 간에 차이가 없을 정도로 상대방이 제안하는 것이다.

8) ZOPA

ZOPA는 Zone of Possible Agreement의 약자로서 '합의가능영역'이라 번역된다. 이는 두 협상가의 최대양보가치 사이의 영역을 말한다. 말하자면 ZOPA는 두 협상가가 상호 만족하는 합의가 이론적으로 가능한 영역이다.

연봉협상에서 ZOPA를 한번 보자. 연봉협상가의 최대양보가치는 회사로부터 받고 싶어 하는 가장 낮은 연봉인 반면 회사의 최대양보가치는 연봉협상자에게 지불하고 싶어 하는 가장 높은 연봉이다. 예를 들어 연봉협상에서 근로자의 최대양보가치는 7천만원이고 기업의 최대양보가치는 9천만원이라면 2천만원의 합의가능영역이 발생한다([그림 5-6] 참조).

[그림 5-6] ZOPA의 사례

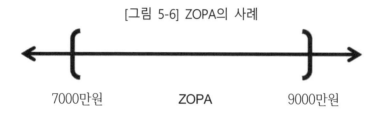

7000만원   **ZOPA**   9000만원

Competency 5. 절차역량

경쟁전략과 협력전략의 절차 상 차이를 통달하라!

경쟁적 협상절차와 협력적 협상절차를 7단계로 요약할 수 있다.

경쟁적 협상절차		협력적 협상절차	
단계	주요내용	단계	주요내용
1.협상준비	-당사자 협상력 평가 -입장과 최저선 결정 -목표설정	1.협상준비	-이해관계 충족가능 믿음 -BATNA, 이해관계 파악 -윈윈의 목표설정
2.초기접촉	-상호소개 -최초 요구나 제의	2.쟁점선정	-상호소개 -협상의 쟁점과 입장 진술
3.정보교환	-질문하기 -정보적 교섭 -입장 진술	3.이해관계식별	-질문하기 -정보 교환 -욕구나 이해 진술
4.교섭	-논쟁과 설득 -양보하기	4.옵션개발	-브레인스토밍으로 옵션개발 -옵션 검토와 수정보완
5.마무리	-힘과 위협 사용 -시간제한 설정 -제의 평가	5.옵션평가	-평가기준 설정 -평가기준에 의한 옵션평가 -옵션의 결합, 우선순위
6.합의도출	-난국 가능성 -조건추가 -타협	6.합의도출	-BATNA검토 -가장 최적의 옵션을 결정 -상호만족 합의안 도출
7.합의서작성	-초안 협상 -승인, 인준, 합의	7.합의서작성	-단일 문서합의에 동의 -승인, 인준, 합의

경쟁적 협상과 협력적 협상의 절차상 핵심적 차이

◇ 입장 대 이해관계, 교섭 대 옵션개발: 경쟁적 협상은 표면상 드러나
는 입장을 진술하고 논쟁하고 설득하는 교섭을 하는데 반해 협력
적 협상은 내면에 있는 이해관계를 식별해서 이를 충족시키는 옵
션들을 개발

◇ 압박 대 객관적 평가: 합의도출과정에서도 경쟁적 협상은 힘과 위
협을 사용하여 상대로부터 많은 양보를 얻어내려고 하는데 반해
협력적 협상은 평가기준을 사용하여 양측의 이해관계를 충족하는
가장 최적의 옵션을 찾아내려는 것

타협, 양보, 회피전략은 독립된 절차가 있는 것이 아니라 경쟁전략의 진
행 중에 전환되어 나타남

협상명언 5

경쟁적 협상은 승리를 위한 힘의 절차이고
협력적 협상은 상호이익을 위한 창조의 절차이다!

제6장 준비역량:

성공하는 협상을 어떻게 준비할 것인가?

앞에서 협상의 전략과 협상력 그리고 절차까지 마스터했다면 협상을 준비하고 실행할 차례이다. 보통 협상이라고 하면 협상장에 양 측이 만나서 인사하고 교섭이나 거래 과정을 거쳐 최종 합의에 이르는 활동으로 생각하기 때문에 협상장에 나가기 전의 준비에 대해 그다지 중요성을 두지 않는 경향이 있다. 그러나 많은 전문가들이 협상준비가 성공적 협상에 매우 중요하며 심지어는 결정적이라고도 평가하고 있다.[60]

협상전략과 상관없이 협상의 절차는 협상의 준비 단계부터 시작한다. 말하자면 협상장에서 만나 대면 협상을 시작하기 전에 이미 협상은 시작되었다고 봐야 하며 오히려 협상의 준비가 협상성공에 가장 중요하다면 철저히 준비해야 할 것이다. 협상준비도 일단 협상전략에 따라 경쟁적 협상의 준비와 협력적 협상의 준비로 나누어 알아보기로 한다.

1. 경쟁적 협상의 준비사항

경쟁적 협상을 준비하는 협상가는 3가지의 핵심적 요소를 염두에 두어야 한다: 1) 초기 입장 계획, 2) 종결 희망 지점, 3) 최저선. 상대방에 대해 철저하게 준비한 협상가는 덜 준비한 협상가보다 항상 더 나은 성과를 얻게 된다. 왜냐 하면 지식과 정보는 협상장에서 힘이 되기 때문이다. 잘 준비한 협상가는 자신의 입장에 대한 확신을 가질 수 있는 지식을 보유하고 있으며 이러한 확신은 덜 준비한 상대방이 따라오도록 할 수 있고 더 많은 양보를 받아낼 수 있다.[61]

1) 최저선

협상가는 자신의 최저선(bottom line)을 결정해야 한다. 최저선은 최대양보가치(Reservation)라고도 한다. 협상가는 최종적으로 결렬시키고 퇴장해서 자신의 대안, 즉, BATNA를 수용하기 전에 각 쟁점에 대해 상대방 쪽으로 얼마나 다가가야 하는지를 결정하는 것이다. 이 최저선 이하로 내려가 합의하면 합의하지 않고 취할 수 있는 것보다 못할 수 있기 때문에 최저선을 넘어가서는 아니 된다. 그래서 최저선은 최소한 BATNA보다 같거나 높은 수준에 설정해 두어야 한다. 합의안이 최저선보다 크거나 같아야 하므로 다음의 관계설정이 가능하다.

합의안 ≥ 최저선 ≥ BATNA

2) 목표

협상가가 최저선에 집중하다보면 더 높은 목표를 설정하지 못하고 그 결과로 더 큰 이득을 얻지 못할 수 있다. 만약 더 높은 목표를 설정했다면 더 나은 결과를 얻을 수도 있었을 것이다. 많은 연구결과 낮은 목표보다는 높은 목표로 시작할 때 더 만족스러운 성과를 얻는 것으로 나타났다.[62] 다만 여기서 주의해야 할 것은 목표를 높게 잡되 현실적으로 달성 가능한 목표를 설정해야 한다는 점이다.

3) 강점과 약점

협상가가 자신의 강점과 약점(strengths and weaknesses; leverage 라는 용어로도 사용하고 있음), 그리고 상대방의 강점과 약점을 알아내고 자 할 때 자신의 약점은 과대평가하고 상대방의 약점은 과소평가하는 경 향이 있다. 이는 자신에 대해서는 강점과 약점을 정확하게 알고 있지만 상대방에 대해서는 강점이 알려져 있고 약점은 잘 알려져 있지 않기 때문 이다. 보다 정확한 상대방의 강점과 약점을 파악하기 위한 하나의 방법으로서 동료로 하여금 상대방이 되어 모의 협상에 참가해줄 것을 요청하는 것이다. 모의 협상을 통해 상대방이 중요시 하는 쟁점과 중요시 하지 않는 쟁점이 무엇인지, 어떤 강점과 약점이 상대방 측에 영향을 미칠 것인지를 파악해볼 수도 있다.

이러한 방법들을 통해서 자신의 강점과 약점을 정확하게 파악하고 강점을 극대화하고 약점은 최소화해야 한다. 또한 상대방의 강점과 약점도 최대한 정확하게 평가하고 상대방 약점을 이용할 방법을 모색해야 한다.

4) 초기 입장

초기 입장(opening position)은 교섭의 시작으로서 매우 중요한 의미를 가진다. 기대보다 높은 제안을 받으면 사전 평가를 재고하고 목표를 수정하여 더 높게 설정하기 때문에 관대한 초기제안은 제안자에게 불리한 결과를 가져다준다. 이를 정박효과(anchoring effect)라 한다. 기대보다 낮은 제안을 받으면 그 반대의 결과가 될 것이다. 그래서 이러한 정박효과를 예방하기 위해서는 협상가가 초기제안을 할 때 어떻게 해서 초기제안에 도달했는지를 설명하기 위해 사용할 원칙적 근거(principled rationales)를 개발해야 한다.[63] 상대방이 초기 제안을 했다면 이에 대한 역 제의(counter offer)를 해서 자신에게 유리한 고지를 만들어나가야 한다. 이렇게 역 제의를 해서 새로운 정박효과를 만드는 것을 역 정박(Counter Anchoring)이라고 한다.

누가 먼저 첫 제의를 할 것인가에 대한 연구들이 있다. 협상의 쟁점에 대한 정보에 따라 첫 제의를 결정하게 된다. 협상 현안에 대한 정보가 많을 때는 먼저 제안하는 것이 유리하지만 협상 현안에 대한 정보가 부족할 때는 상대방이 먼저 제안하게 하는 것이 유리하다.[64] 비슷하게 명확한 거래 기준을 보유하거나 상대방에 대해 잘 알고 있는 협상가는 먼저 제안하는 것이 유리하지만 그 반대의 경우에는 상대방이 먼저 조건을 제시하도록 유도하는 것이 좋다.[65] 한편 경험적 조사에서 첫 제의를 먼저 하는 사람이 더 나은 성과를 얻는 경향이 있다는 연구결과를 제시하고 있다.[66]

첫 제의를 어느 정도 높게 제안해야 하는지에 대해서도 흥미로운 연구들이 있다. 많은 연구들은 극단적으로 높은 첫 제의를 하는 협상가는 낮거나 관대한 첫 제의를 하는 협상가보다 더 높은 성과를 얻는다고 보고하였다.[67] 다만 극단적 첫 제의의 단점은 상대방이 즉석에서 거절할 수 있고 장기적 관계를 파괴할 수도 있다는 점이다. 극단적 첫 제의를 하는 협상가는 실행 가능한 옵션이나 상대방이 거절할 때 취할 BATNA도 가지고 있어야 한다.[68]

5) 정보교환

교섭을 위해 본격적으로 어떤 정보를 주고받을지 정보교환을 준비해야 한다. 어떤 정보를 공개하고 어떤 정보를 숨길지 결정해야 한다. 상대방이 자신을 평가절하하지 못하도록 중요한 정보는 공개하는 것이 최선이다. 그러나 자신의 예민한 정보를 어떻게 공개하지 않을지를 준비해야

한다.[69)

상대방의 욕구, 이해관계 및 목표를 결정하기 위해 어떤 정보를 상대로 부터 끌어낼 것인가를 결정해야 한다. 어떤 정보수집 질문을 사용할 것인 가도 계획을 세워야 한다.

6) 교섭전략

협상가가 최저점, 목표, 초기입장을 결정하였다면 이제 교섭전략 (bargaining strategy)을 계획할 시간이다. 상호작용을 어디에서 시작하 여 어디에서 마치기를 희망하는지를 시각화해야 한다. 입장변화를 별로 하지 않을 것인지 아니면 많은 수정을 할 계획인지 자신의 양보패턴을 결정해야 한다. 어떻게 상대의 강점을 중화시키고 약점을 이용하여 많은 양보를 얻어내도록 전략을 세워야 한다.

7) 교섭기법

자신이 원하는 것을 얻기 위해 어떤 교섭기법(bargaining techniques)을 사용할지를 결정해야 한다. 상대방이 어떤 기법을 사용할 것으로 예상되며 이를 어떻게 대처할지를 준비해야 한다. 예를 들어 교섭 팀 규모 우세, 시간압박, 극단적 초기요구, 탐색질문, 일방적 유도교섭 (Boulwarism), 동일가치 복수제안, 부수적 양보, 구간 제안, 실질 또는 가식 분노, 공격행동, 결렬위협, 니블(nibble)기법, 중간점 자르기 (bracketing) 등이 교섭기법으로 사용된다. 여기서 니블기법이란 갉아먹 기기법이라고 번역하는데 전에 논의되지 않았던 쟁점에 대해 작은 양보 를 요구하는 것을 말한다.[70)

<표 6-1> 경쟁적 협상 준비 항목

항목	자신	상대방
최저선	상대방에게 양보해야 할 최저의 수준으로 그 이상을 넘어가서는 자신의 최저선을 결정해야 함	상대방의 최저선이 어느 정도일 것인가를 평가해봄
목표	충분히 높은 현실적 목표 설정	상대방의 목표가 어느 수준일지를 평가해봄
강점과 약점	자신의 강점과 약점을 정확하게 파악하고 강점을 극대화하고 약점은 최소화함	상대방의 강점과 약점을 평가하고 상대방 약점을 이용할 방법을 모색함
초기 입장	합리적 설명으로 덜 관대한 초기제안을 시작함	상대 제안에 대한 역제의
정보교환	반발적 평가절하의 효과를 최소화하기 위해 상대질문에 대응한 중요한 정보 공개, 예민한 정보공개는 예방함.	상대의 욕구, 이해관계 및 목표를 결정하기 위해 어떤 정보를 상대로부터 끌어낼 것인가를 결정 어떤 정보수집 질문을 사용할 것인가를 결정함
교섭전략	자신이 시작한 지점에서 끝나고 싶은 지점으로 이동을 어떻게 그려낼 것인가 결정하고 자신의 양보패턴을 계획함	어떻게 상대의 강점을 중화시키고 약점을 이용하여 많은 양보를 얻어냄
교섭기법	자신이 원하는 것을 얻기 위해 어떤 교섭기법을 사용할 것인가를 결정함	상대의 그러한 기법을 어떻게 대항할 것인가를 결정함

출처: Craver(2020), Chapter 3에서 발췌하여 재정리함

2. 협력적 협상의 준비사항

협력적 협상의 준비는 경쟁적 협상의 준비와는 상당부분 다르다. 협력적 협상 자체를 어떻게 준비해야 하는지에 대해서는 정확한 문헌이 없으나 협력적 협상의 모델과 협상준비에 대한 여러 문헌을 종합해서 협력적 협상의 준비를 정리하고자 한다.[71]

1) 목표

협상의 영역에 들어오면서 무엇이 내게 좋은 결과인가? 라는 생각을 하게 된다. 말하자면 협상가는 협상을 통해 자신이 얻고자 하는 목표(goal)를 설정해야 한다. 마찬가지로 상대방도 협상을 통해 그가 얻고자 하는 목표가 무엇인지 최대한 추측해야 한다. Craver는 달성하고 싶은 최선의 결과로서 강렬한 소망이라는 의미가 있는 aspiration levels를 사용하고 있는데 일반적으로 목표라는 용어를 사용하고 있어서 목표로 통일한다.

2) 관계

관계(relationship)는 성과만큼이나 중요한 요소이다. 협력적 협상은 상대방과의 관계가 신뢰와 협력이 가능한 경우에 쉽게 추진될 수 있지만 불확실하지만 미래 좋은 관계를 유지하고 싶을 경우도 협력적 협상을 시도해 볼 만하기 때문에 준비할 필요가 있다. 자신은 상대방을 신뢰하는지 상대방은 자신을 신뢰하는지를 평가해 볼 필요가 있고 현재의 협력관계를 평가하고 미래의 희망 협력관계도 설정해 봐야 한다.

3) 쟁점

협상에서 해결해야 할 쟁점(issue)이 무엇인지를 결정해야 한다. 쟁점이 단 한가지이면 상대방도 동일하게 생각할 가능성이 높다. 만약 쟁점이 여러 가지일 경우 각자에게 주는 중요성이 달라질 수 있다. 복수의 쟁점은 우선순위를 부여하고 그 중요도에 따른 이해관계 파악과 옵션 개발에 참고할 수 있다.

4) 욕구와 이해관계

당사자들의 욕구(needs)와 이해관계(interest)를 이해하지 못하고 목표를 설정하는 것은 어렵다. 특히 상대방의 이해관계는 그들이 이해관계를 숨기고 있는 상황에서는 더욱 파악하기 어렵다. 양 측의 이해관계는 협상테이블에서 대화를 통해 드러나기도 한다. 그러나 경쟁관계일수록 이해관계 파악은 어렵다. 상대방의 이해관계를 식별할 수 없으면 이해관계를 탐구하는 모든 소통기회를 사용해야 한다.

5) 옵션 개발

가치를 창조해서 파이를 확대하기 위한 활동은 옵션(option)을 개발함으로써 가능하다. 자신의 목표와 이해관계를 충족할 옵션들을 미리 준비해 두는 것은 협상테이블에서 생각하기에는 제한적일 수 있어서 필요하다. 그리고 상대방의 목표와 이해관계를 충족할 옵션들도 윈윈을 위해 필요한 것이니 준비해두면 도움이 된다.

6) 평가 기준

개발된 옵션들을 평가할 객관적 기준(standard)이 무엇이면 좋을지를 계획해 두어야 한다. 물론 미리 옵션과 기준이 그대로 될 수 없을 수도 있긴 하지만 미리 준비해두면 훨씬 효율적으로 협상을 진행할 수 있다.

준비한 평가 기준이 상대방 시각에서도 공평하고 합리적인지 검토해 두어야 할 것이다.

7) BATNA

BATNA는 합의에 대한 최선의 대안(The Best Alternative to a Negotiated Alternative)이다. 협상가가 협상에서 합의하지 못하고 결렬시켰을 때 자신이 취할 수 최선의 대안이 바로 BATNA이다. BATNA를 향상시키는 것은 자신의 입장을 강화시키는 역할을 한다. BATNA를 향상시키는 것은 협상하기 전 뿐 아니라 협상하는 중에도 할 수 있다. 옵션들을 평가할 때 자신이 수용할 수 있을지 여부를 결정할 때 BATNA가 중요한 기준이 될 수 있다. 어떤 합의안도 BATNA보다 나은 방안이어야 함을 명심해야 한다.

8) 유연성

이상 7가지 사항을 준비한 것만으로도 협상을 성공시키는데 매우 큰 기여를 할 것이다. 그런데 준비한대로 협상이 진행되지 못할 경우를 대비해야할 일들이 있다. 바로 유연성(flexibility)이 그것이다. 협력적 협상의 모델대로 진행되지 못하거나 돌발 변수가 발생한다면 진행순서와 상관없이 유연하게 진행하여 상호 이득이 되는 협상안을 도출할 수 있다면 그렇게 해야 할 것이다. 상대방이 정보를 공유하지 않으려 한다거나 협상팀의 일원이 바뀐다거나 공격적, 경쟁적으로 입장만 고수한다거나 하는 상황이 변하면 이에 따른 대처를 해야 한다.

특히 상대방이 경쟁을 고수하고 공격적으로 나올 때 자신도 똑 같이 공격과 경쟁적으로 가야할지 협력적으로 가기 위해 노력해야 할지가 매우 중요하다. Fisher, Ury & Patton은 주짓수협상(Negotiation Jujitsu)으로 대응하기를 권하고 있다.[72] 주짓수란 일본의 옛 무예로서 유도의 원형인 유술(柔術)로 알려져 있다.[73] 상대방이 공격해 오면 방어하거나 반격하는 것이 아니라 피하면서 다른 기법을 사용하는 그런 운동이다. 주짓수협상은 상대방의 입장을 공격하지 않고 그 이면을 본다거나, 자신의 아이디어를 방어하지 말고 비판과 충고를 요청하고 자신에 대한 공격을 문제의 공격으로 고쳐서 만드는 방법을 사용하는 것이다.

<표 6-2> 협력적 협상 준비 항목

항목	자신	상대방
목표	자신에게 좋은 결과를 설정	상대방에게 좋은 결과를 설정
관계	상대를 신뢰하는지, 관계가 중요한지, 어떻게 유지해야할지 결정	상대방은 자신을 신뢰할지, 관계를 어떻게 유지할지 평가
쟁점	협상해야 할 쟁점을 결정하되 복수의 쟁점은 우선순위 부여	상대방 입장에서 쟁점과 우선순위 파악
욕구와 이해관계	자신의 이해관계를 식별해야 함	상대방의 이해관계도 파악하도록 노력해야 함
옵션 개발	자신의 목표와 이해관계를 충족할 옵션들을 준비함	상대방의 목표와 이해관계를 충족할 옵션들을 준비함
평가 기준	옵션들을 평가할 객관적 기준을 계획함	상대방 시각에서 평가 기준이 공평하고 합리적인지 검토
BATNA	자신의 BATNA를 파악하고 향상시킬 수도 있음	상대방의 BATNA가 무엇인지를 최대한 파악해야 함
유연성	계획대로 협상이 진행되지 않고 변수발생에 유연하게 대처 준비	상대방이 경쟁을 고수하면 주짓수협상으로 대응

출처: Simons & Tripp(2015). Harvard Business School(2003), Barrett(1998), Fisher, Ury & Patton(1991)에서 발췌하여 재정리하였다.

3. 종합적 준비사항

앞에서 경쟁적 협상과 협력적 협상의 준비에 대해 자세히 논의하였다. 준비를 잘 하면 할수록 협상이 성공할 가능성이 높아질 것이다. 그러나 어떤 상황에 적절한 협상의 준비하는 것만으로는 부족하고 종합적으로 준비해야 최선의 준비가 된다.

1) 준비한대로 협상이 진행되지 않으면 유연하게 대처하라.

자신이 준비한대로 협상이 진행되지 않을 경우를 대비해야 한다. 절차 대로 준비했는데 그대로 진행되지 않을 경우 전략의 원칙과 목표를 염두에 두고 순서에 고정되지 않고 유연하게 대처해야 한다. 중간과정이 생략되거나 순서가 바뀌어도 전략의 원칙과 목표가 달성된다면 자연스럽게 진행경로를 따라가면 된다.

2) 준비한 전략과 다른 전략에 마주칠 경우 대비하여 그 전략도 준비하라.

자신이 경쟁전략을 준비했는데 상대방은 협력전략으로 나온다거나 자신이 협력전략을 준비했는데 상대방은 경쟁전략으로 나올 경우에 어떻게 할 것인가이다. 이를 대비하기 위해서는 자신이 택하지 않았던 전략의 준비사항도 그 가능성을 고려하여 준비해두는 것이 안전하다. 그런 준비를 하지 않을 경우 협상테이블에서 당황하거나 결렬시키는 파국으로 갈 가능성이 있음을 유의해야 한다.

3) 협력적 협상의 신봉자가 경쟁적 협상가를 만났을 때 경쟁적 협상을 하거나 주짓수협상을 사용하라.

　협력적 협상을 신봉하는 협상가가 경쟁적 협상가를 만났을 때 어떻게 대처할 것인지의 어려운 국면에서 두 가지 대처방안이 있다. 하나는 자신도 경쟁적 협상으로 돌아가서 공격과 방어의 협상을 하는 방법이고 또 하나는 앞에서 설명한 주짓수협상을 사용하는 방법이다. 상대를 협력적 협상의 프레임으로 들어오도록 고난도의 기술을 사용하는 것이다. 주짓수협상을 사용하여 협력적 협상으로 끌어들이는 방법이 최선이지만 그것이 불가능하거나 자신 없을 때 협력적 협상을 포기하고 경쟁적 협상에 임해야 할 것이다. 상대방이 계속 경쟁적 협상을 하는데 자신만 협력적 협상을 하고 있다면 상대방에게 이용당할 가능이 높다.

　요컨대 협상의 성공은 얼마나 다양한 상황에 대해 준비하느냐에 달려 있다고 해도 과언이 아니다. 준비 없는 수준에서 모든 상황에 대비하는 수준에 이르기까지 다양한 수준의 준비가 있을 수 있는데 준비한 만큼 성과와 성공을 가져다 줄 것이다.

Competency 6. 준비역량

경쟁적 협상과 협력적 협상을 미리 완벽하게 준비하라!

경쟁적 협상은 다음 항목을 미리 준비해야 한다.

항목	자신	상대방
최저선	상대방에게 양보해야 할 최저의 수준으로 그 이상을 넘어가서는 자신의 최저선을 결정해야 함	상대방의 최저선이 어느 정도일 것인가를 평가해봄
목표	충분히 높은 현실적 목표 설정	상대방의 목표가 어느 수준일지를 평가해봄
강점과 약점	자신의 강점과 약점을 정확하게 파악하고 강점을 극대화하고 약점은 최소화함	상대방의 강점과 약점을 평가하고 상대방 약점을 이용할 방법을 모색함
초기 입장	합리적 설명으로 덜 관대한 초기제안으로 시작함	상대 제안에 대한 역제의
정보교환	반발적 평가절하의 효과를 최소화하기 위해 상대질문에 대응한 중요한 정보 공개. 예민한 정보공개는 예방함.	상대의 욕구, 이해관계 및 목표를 결정하기 위해 어떤 정보를 상대로부터 끌어낼 것인가를 결정 어떤 정보수집 질문을 사용할 것인가를 결정함
교섭전략	자신이 시작한 지점에서 끝나고 싶은 지점으로 이동을 어떻게 그려낼 것인가 결정하고 자신의 양보패턴을 계획함	어떻게 상대의 강점을 중화시키고 약점을 이용하여 많은 양보를 얻어냄
교섭기법	자신이 원하는 것을 얻기 위해 어떤 교섭기법을 사용할 것인가를 결정함	상대의 그러한 기법을 어떻게 대항할 것인가를 결정함

협력적 협상은 다음 항목을 미리 준비해야 한다.

항목	자신	상대방
목표	자신에게 좋은 결과를 설정	상대방에게 좋은 결과를 설정
관계	상대를 신뢰하는지, 관계가 중요한지, 어떻게 유지해야할지 결정	상대방은 자신을 신뢰할지, 관계를 어떻게 유지할지 평가
쟁점	협상해야 할 쟁점을 결정하되 복수의 쟁점은 우선순위 부여	상대방 입장에서 쟁점과 우선순위 파악
욕구와 이해관계	자신의 이해관계를 식별해야 함	상대방의 이해관계도 파악하도록 노력해야 함
옵션 개발	자신의 목표와 이해관계를 충족할 옵션들을 준비함	상대방의 목표와 이해관계를 충족할 옵션들을 준비함
평가 기준	옵션들을 평가할 객관적 기준을 계획함	상대방 시각에서 평가 기준이 공평하고 합리적인지 검토
BATNA	자신의 BATNA를 파악하고 향상시킬 수도 있음	상대방의 BATNA가 무엇인지를 최대한 파악해야 함
유연성	계획대로 협상이 진행되지 않고 변수 발생에 유연하게 대처 준비	상대방이 경쟁을 고수하면 주짓수협상으로 대응

다양한 상황에 종합적 협상준비로 완결해야 한다.

◇ 자신이 준비한대로 협상이 진행되지 않을 경우를 대비: 절차대로 준비했는데 그대로 진행되지 않을 경우 전략의 원칙과 목표를 염두에 두고 순서에 고정되지 않고 유연하게 대처해야 한다.

◇ 자신이 경쟁전략을 준비했는데 상대방은 협력전략으로 나온다거나 그 반대인 경우를 대비: 이 경우 자신이 택하지 않았던 전략의 준비사항도 준비해두는 것이 안전하다. 그런 준비를 하지 않을 경우 협상테이블에서 당황하거나 결렬시키는 파국으로 갈 가능이 있음을 유의해야 한다.

◇ 협력적 협상을 신봉하는 협상가가 경쟁적 협상가를 만났을 때 두 가지 대처방안: 하나는 자신도 경쟁적 협상으로 돌아가서 공격과 방어의 협상을 하는 방법이 있고 또 하나는 상대를 협력적 협상의 프레임으로 들어오도록 촉진하는 주짓수협상을 사용하는 방법이 있다.

협상명언 6

**협상의 성공은
얼마나 다양한 상황에 대해
준비하느냐에 달려 있다!**

제7장 소통역량:

성공하는 협상의 소통스킬은 무엇인가?

인간은 언어를 사용하여 의사를 표현하고 사회활동을 펼쳐나간다. 협상도 이러한 언어를 사용하는 소통(커뮤니케이션)을 통해 실행되는 하나의 사회활동이다. 마음속에 생각하고 있는 것을 말로서 표현하지 않으면 알 수가 없다. 협상을 어떻게 진행해 가는가는 협상 당사자들이 언어의 소통으로 만들어가는 상호작용에 달려있다. 그렇다면 협상이라는 특수 목적 상 어떤 소통이 필요하고 중요할까? 협상에서 자신의 주장, 상대방의 탐색, 상호 신뢰와 친밀감 등을 위해 질문 스킬, 듣기 스킬 및 비언어 소통을 설명하고자 한다.

1. 질문 스킬

질문 스킬(Questioning Skill)은 그야말로 상대방에게 질문하는 기술을 말하는데 협상에서 특히 상대방의 욕구를 알아내는 매우 긴요한 방법이다. 특히 원윈을 만들기 위해 상대방의 욕구, 목표를 알아야 한다. 능숙한 질문은 협상전략을 개발하는데 필요한 최대의 정보를 제공해준다.[74]

1) 폐쇄형과 개방형 질문

질문의 두 가지 종류 중 첫 번째는 폐쇄형 질문(closed-ended questions)이다. 폐쇄형 질문은 대화를 어떤 영역으로 이끌려고 할 때 사용하는 질문이다. 그 질문의 답은 "예,""아니오."가 된다. 단순 예, 아니오 대답 이외에도 제한된 입장의 약속을 얻으려는 질문도 있다. 예를 들어 "저희가 귀사의 가격과 조건의 요구사항을 충족해드리면 오늘 저희 제품을 사시겠습니까?""이번 주 토요일에 일할 수 있는지요?"라는 질문들이 이 용도의 폐쇄형 질문이다. 그리고 냉각 분위기를 깨고 대화 진전을 위해 폐쇄형 질문을 사용하기도 한다. 예를 들어 "오늘 날씨가 너무 좋지요?"라는 질문이 그것이다. 때로는 상대방으로부터 양보를 얻기 위해 폐쇄형 질문을 사용하기도 한다. 예를 들어 "저희가 무료기술을 지원한다면 이 컴퓨터 가격을 140만원에 사시겠습니까?"라고 질문할 수 있다. 이 제한적 질문의 목적은 정보를 얻기보다 대화를 시작하거나 거래 포인트를 확정하거나 양보를 얻어낼 때 사용하기 위함이다.

두 번째 질문은 개방형 질문(open-ended questions)이다. 개방형 질문은 6하 원칙을 이용하여 만들 수가 있다. 5W 1H, 즉 누가(who), 언제(when), 어디서(where), 무엇을(what), 왜(why), 어떻게(how) 라는 의문사를 넣어서 문장을 만들어 질문하면 된다. 협상에서 개방형 질문이 매우 효과적인 이유는 세 가지이다.[75] 첫째, 개방형 질문은 상대방을 특정 방향으로 끌지 않기 때문에 더 많은 정보를 얻어낼 수 있다. 둘째, 개방형 질문은 상대방의 욕구, 목표, 원하는 것, 현재 상황을 드러내는데 더 생산적이다. 셋째, 개방형 질문은 상대방의 행동유형을 알아내는데 매우 효과적이다.

2) 목적에 따라 질문하기

협상에서 질문하는 목적이 다양한데 이를 정리하면 다음과 같다.[76]

① 정보가 부족하면 질문하라.

"이 세탁기가 품질평가회에서 어떤 평가를 받았는가요?"

② 정보를 명확히 하거나 증명하기 위해 질문하라.

"이 제품의 배송은 무료이지요?"

③ 이해도와 이해관계의 수준을 확인하기 위해 질문하라.

"이번 담보대출에 담보보험을 포함하는 게 좋은데 동의하시는지요?"

④ 행동유형을 결정하기 위해 질문하라.

"저희 입장을 설명하는 50페이지 서류를 준비했습니다. 모두 다 읽어 드릴까요 아니면 2페이지 요약본을 보시겠습니까?"

⑤ 참가를 끌어내기 위해 질문하라.

"보고 계시는 이 컴퓨터 모델이 사무용으로 사용할 때 어떤 느낌이 들지요?"

⑥ 정보를 주기 위해 질문하라.

"이 냉장고 모델이 인근 백화점에선 100만 원이던데 여긴 20만 원이나 더 비싸다는 걸 아시는지요?"

⑦ 상대방이 생각을 시작하도록 하기 위해 질문하라.

"일하시고 싶은 좋은 회사를 생각할 때 어떤 점이 마음속에 떠오르나요?"

⑧ 해당 주제를 환기시키기 위해 질문하라.

"연봉과 부가급여 패키지 문제로 다시 돌아갈까요?"

⑨ 합의에 도달하기 위해 질문하라.

"이 오피스텔을 3억 원 보증금에 150만 원 월세를 요구하시는데 바닥과 벽이 훼손되어 수리해야 해서 보증금을 2억 5천만 원으로 해주시겠습니까?"

⑩ 당신의 아이디어를 수용하도록 유도하기 위해 질문하라.

"이 제안서대로 사무실 구조를 바꾸면 효율성이 올라가지 않을까요?"

⑪ 긴장을 완화하기 위해 질문하라.

"팀원들 지방출장 명령을 내릴 때마다 혼자서 반대를 하시는데 왜 반대하시는지 이유를 말해보실래요?"

⑫ 긍정적 칭찬하기나 친밀감을 만들기 위해 질문하라.

"오늘 어려운 문제를 같이 풀어내느라 많이 힘드셨지요?"

3) 적절한 질문 방법

적절하게 질문하는 방법은 질문의 내용만큼이나 중요하다. 적절한 질문의 방법을 요약하면 다음과 같다.[77]

① 목표와 질문계획을 세워라.

② 상대방이 관계중심인지 일중심인지 파악하라.

③ 포괄 질문에서 좁은 질문으로 이동하라.

④ 적절한 타이밍을 사용하라.

⑤ 이전의 반응에 기초하라.

⑥ 질문해도 될지 승인을 요청하라.

⑦ 질문 후에는 말하지 말고 들어라.

⑧ 핵심사항을 기록하라.

2. 듣기 스킬

협상에서 질문하기 스킬이 중요한 만큼 듣는 스킬도 중요하다. 잘 듣지 않는 청취자는 상대방의 욕구나 목표에 대해 배울 기회를 놓친다. 잘 듣는 청취자가 되기 위해서는 객관적이어야 한다. 상대방이 말하는 것을 들을 때 '왜 그가 내게 그걸 말했지?' '내 반응이 무엇이어야 한다고 그는 생각할까?' 등을 자문해보아야 한다. 여기에 좋은 명언이 있다.[78]

최고의 협상가는 거의 항상 최고의 청취자이다.

왜 그런 상관관계가 있을까? 최고의 협상가는 상대방의 소통 스킬을 관찰하게 된다. 그들은 들으면서 상대방이 단어의 선택이나 문장의 구조를 효과적으로 사용하는지 알게 된다. 협상가는 상대방이 말하는 것을 조심스럽게 들을 때 새로운 어떤 것을 반드시 배우게 되어 최고의 협상가가 된다는 것을 알게 된다. 효과적인 청취는 상대방의 욕구와 목표를 알아내도록 하고 이 정보는 윈윈 결과를 만드는데 핵심적이다.[79]

1) 듣기의 3가지 함정

협상을 하면서 듣기와 관련한 세 가지의 함정이 있음을 조심해야 한다.[80]

첫 번째 함정은 '협상은 설득이고 설득은 말하는 것이다.' 는 믿음이다. '말하는 것은 적극적 역할이고 듣는 것은 소극적 역할이다.' 라고 믿고 있다. 그러나 간과하기 쉬운 것은 상대방의 동기를 모를 때 설득은 지극히 어려운 것이다.

두 번째 함정은 잘 안 듣는 청취자는 상대방이 말하는 것보다 자신이 말해야 할 것에 집중한다는 점이다. 그들은 듣는 시간을 그 다음 말할 것을 준비하는 데에 사용함으로써 협상에서 중요한 정보에 집중하지 못한다.

세 번째 함정은 감정의 필터나 눈가리개는 듣고 싶지 않는 것을 듣지 않게 하거나 보고 싶지 않는 것을 보지 않게 한다는 점이다. 잘 듣는 청취자는 감정의 눈가리개 효과를 최소화하는 방법을 알고 있어서 상대방의 진정한 감정을 평가할 수 있다.

2) 적극적 듣기와 소극적 듣기

적극적 듣기(Active Listening)는 1957년 Carl Rogers and Richard Farson이 "Active Listening"라는 짧은 책에서 처음으로 '적극적 듣기'를 사용하면서 만들어졌다.[81] 1962년 Rogers의 동료인 Thomas Gordon이 부모효과훈련(PET)에서 소통으로서 "적극적 듣기"를 촉진하고 PET책을 출판하면서 적극적 듣기는 대중적으로 확산되기 시작하였다. Rogers와 Farson은 적극적 듣기의 정확한 정의를 내리지는 않고 사람을 변화시킬 목적으로 3가지를 실천해야 한다고 설명한다. 즉, 메시지 내용과 느낌의 전체 의미를 들어라, 느낌에 반응을 보여라, 모든 신호를 감지하라.[82] Thomas Gordon은 Gordon Training International에서 '적극적 듣기는 정확하게 이해했는지를 알기 위해 상대방이 표현한 단어와 느낌을 반응하는 공감적 방법이다.' 라고 설명하고 있다.[83]

적극적 듣기의 정의를 내리려는 문헌들은 많았는데 이 중에서 한두 가지 살펴보면 다음과 같다. '적극적 듣기란 들을 준비를 하고 언어적, 비언어적 메시지를 관찰하고, 적절한 피드백을 보내는 것을 말한다.'[84] 또 '적극적 듣기란 청자가 화자의 말을 주의 깊게 듣고, 메시지를 가공하고 대화를 이끌 수 있도록 메시지에 반응하는 것을 말한다.'[85] 여러 문헌 상 공통적인 요소들로 간단한 정의를 내린다면 '적극적 듣기란 상대방의 말과 행동을 잘 이해하고 공감하는 반응을 보이는 것'이라 할 수 있다.

적극적 듣기의 용어상 반대로 쓰이는 소극적 듣기(Passive Listening)는 적극적 듣기의 전 단계로 보고 있다.[86] 소극적 듣기는 소통에서 화자의 말을 무의식적으로 듣고 있어서 청자가 노력이나 반응이 없이 수동적으로 듣는 것을 의미한다.[87] 소극적 듣기는 화자의 비언어적 행동이나 신체언어를 관찰하는 것으로 이때 비언어적 요소는 목소리, 억양, 제스처, 얼굴표정 등 화자가 전달하고자 하는 느낌을 제공한다.

적극적 듣기와 소극적 듣기를 의미, 과정, 청자 역할, 참여, 소통, 피드백과 질문, 비언어 행동에서 어떻게 차이가 나는지 항목별로 요약해서 비교한 것이 <표 7-1>이다.

<표 7-1> 적극적 듣기와 소극적 듣기의 비교

항목	적극적 듣기	소극적 듣기
의미	청자의 충분한 참여로 생각이나 말을 명백한 메시지로 전환하는 과정	청자의 참여 없이 메시지를 단지 소비하는 과정
과정	대화적	기계적
청자 역할	청자가 화자의 말에 관심을 보이면서 화자로 하여금 기꺼이 아이디어를 말하도록 자극함	청자는 얼굴에 지루하고 무관심한 모습을 보이면서 화자를 낙담시킴
참여	듣는 동안 반응	반응 없이 들음
소통	쌍방향 소통	한 방향 소통
피드백과 질문	존재	부재
청자	화자의 말을 집중하고, 이해하고, 반응하고 기억함	듣는 것을 보여주지만 다른 문제를 생각함
비언어 행동	얼굴표정의 변화, 눈을 굴림, 질문과 미소로 관심을 보임	하품하고 여기저기 보고, 지루함을 보이고 말없이 있음

출처: Surbhi(2021)

3) 적극적 듣기의 단계

적극적 듣기의 단계를 구분하는 방법은 학자와 기관에 따라 4단계 또는 5단계로 나누고 있다. 미국 연방조정알선청(FMCS)의 교육매뉴얼에는 듣기의 단계를 1단계 느끼기(sensing), 2단계 이해하기(understanding), 3단계 평가하기(evaluating), 4단계 반응하기(responding)로 구분하고 있다.[88] Grisoni Coaching도 4단계로 구분하여 1단계 인식하기(recognizing), 2단계 이해하기(understanding), 3단계 평가하기(evaluating), 4단계 반응하기(reacting)로 제시하였다.[89]

한편 DeVito는 듣기를 5단계로 나누어 수신하기(receiving), 이해하기(understanding), 기억하기(remembering), 평가하기(evaluating), 반응하기(responding)로 제시하였다.[90] 4단계와 5단계의 주요 차이점은 기억하기(remembering)인데 간단한 단계수립을 위해 DeVito의 5단계 중 기억하기만 생략하고 [그림 7-1]과 같이 4단계로 제안하여 활용하는 것이 적절해 보인다.

[그림 7-1] 듣기의 4단계 모형

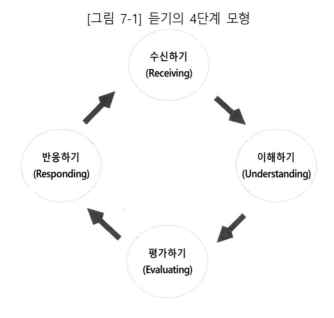

여기서 수신하기는 느끼기나 확인하기와 같은 의미로서 소극적 듣기와 같은 의미로 볼 수 있다. 그래서 듣기의 4단계는 소극적 듣기 + 적극적 3단계로 구성할 수 있으며 각 단계별 방법은 다음과 같다.[91]

1단계: 수신하기(Receiving)

수신하기는 들리기(hearing), 출석하기(attending)와 같은 의미를 가지고 있다. 말하자면 청력에 의해 그냥 들리는 것을 의미한다. 듣기(listening)는 화자의 메시지를 받는 것을 말한다. 메시지에는 언어적, 비언어적 메시지를 포함하고 있는데 메시지 수신하기는 선택적으로 메시지를 듣게 됨을 말한다.

2단계: 이해하기(Understanding)

이해하기는 화자가 말하는 생각 뿐 아니라 그 생각을 표현하는 감정적 목소리 톤도 파악하게 됨을 말한다. 감정적 목소리 톤은 메시지에 표현된 위급이나 기쁨 또는 슬픔 같은 것이다.

3단계: 평가하기(Evaluating)

평가하기는 메시지와 화자의 신용, 진실성, 유용성을 판단하는 것을 말한다. 이 단계에서 청자는 자신의 편견과 선입견이 영향을 미칠 수 있다. 그 편견과 선입견은 청자 스스로 좋고 나쁜 것을 판단하는데 영향일 미친다.

4단계: 반응하기(Responding)

반응하기는 청자가 화자에게 반응을 보이는 것을 말한다. 반응하기는 화자가 말하는 동안 청자가 표현하는 비언어적(nonverbal) 반응과 화자가 말한 후에 청자가 표현하는 반응으로 구성된다. 듣고 있는 동안의 비언어적 반응은 화자로 하여금 청자가 듣고 있음을 알도록 하는 제스처인데 맞장구 신호(backchanneling cues)라고도 한다. 예를 들어 고개 끄덕임, 미소 지음, 앞으로 숙이기가 맞장구 신호에 해당한다.[92]

4) 이해하기 스킬: 주의 깊은 듣기 스킬

적극적 듣기의 4단계 중 이해하기에 해당하는 기법으로서 주의 깊은 듣기(attentive listening)를 소개한다. 주의 깊은 듣기는 상대방이 말하는 진정한 메시지를 밝혀내기 위해 12가지의 스킬을 제시하고 있다.[93]

① 협상은 정보가 중요하다는 듣는 동기를 가져라.
② 말해야 한다면 상대방 욕구와 목표를 알아낼 질문을 하라.
③ 상대방의 비언어 행동과 동기를 신속히 이해하라.
④ 상대방으로 하여금 자신의 이야기를 먼저 말하도록 권유하라.
⑤ 상대방이 말할 때 방해하지 말라.
⑥ 주위를 산만하게 하지 않게 하라.
⑦ 기억을 믿지 말고 기록을 하라.
⑧ 마음속에 목표를 두고 상대방 말을 들어라.
⑨ 상대방의 눈을 응시하며 주의를 기울여라.
⑩ 사람에는 반응하지 말고 메시지에 반응하라.
⑪ 화를 내지 마라.
⑫ 듣는 것과 말하는 것을 동시에 할 수 없다는 것을 기억하라.

5) 반응하기 스킬

 적극적 듣기를 잘하기 위해서는 앞의 4단계 모두 효과적인 기법을 제시
할 수 있으나 반응하기에 기법들이 집중되고 있다. Boston 대학교의 학
습 자료에서 4가지 기법이 소개되어 있다: 바꿔 말하기(Paraphrasing),
명확히   하기(Clarifying),   공감하기(Reflecting),   요약하기
(Summarizing).[94] 미국 연방조정알선청(FMCS)의 매뉴얼에서는 중립
적이기(Neutral), 공감적이기(Reflective), 명확화 하기(Clarifying), 요
약하기(Summarizing)로 표현되어 단어가 약간 다르지만 동일한 의미이
다.[95] 위키피디아에서는 공감하기를 제외하고 3가지만 제시하고 있다.
Stark & Flaherty는 쌍방향 듣기(interactive listening)라는 용어를 사
용하고 있다. 쌍방향 듣기란 상대방의 말을 이해하고 그들의 느낌을 인지
하는 듣기를 말하며 명확히 하기(clarifying), 확인하기(verifying), 공감
하기(reflecting, empathetic)의 세 가지를 포함하고 있다.[96]

<표 7-2> 적극적 듣기의 반응 기법

구분	방법	목적	사례
바꿔 말하기 (Paraphrasing)	화자가 말한 것을 다른 단어로 바꿔 말함	화자가 계속 말하도록 촉진함	제가 듣기로는 ~거군요. ~라고 말하신 거 같네요. 제가 정확하게 들었다면 ~~.
명확히 하기 (Clarifying)	화자가 말한 것 중 일부를 설명하도록 요청	불확실한 점을 확인함	~라는 의미인지요? ~에 대해 좀더 말씀해 주세요.
공감하기 (Reflecting)	화자가 느낀 것을 이해했다고 보여줌	화자의 메시지와 느낌을 이해했다고 보여줌	~하면 두려운 느낌이 드실 거 같네요. 상처를 많이 받으신 거 같군요.
요약하기 (Summarizing)	화자가 말한 것의 주요 아이디어와 느낌을 식별함	화자에게 중요한 점을 식별함	말씀을 요약해보면 ~. 두 가지 중요한 점이 있는 거 같군요.

출처: Boston University, Office of the Ombuds, Active Listening.

여기서는 적극적 듣기의 기법을 효과적으로 학습하기 위해 공통점이 많은 Boston 대학교의 자료를 이용하고자 한다. 또한 <표 7-2>에서와 같이 풍부한 설명과 사례를 통해 이해가 쉬운 장점이 있다.

6) 공감하기 스킬

반응하기의 세 번째 기법은 공감하기 스킬이다. 상대방의 느낌에 대한 공감을 인식하고 보여주는 말을 할 때 공감하기 질문을 하고 있다. 공감하기(reflecting, empathetic)는 판단 않고 의견 안 내고 해결 제시하지 않고 상대방 말의 감정적 요소를 인정하는 것이다. 예를 들어 "어떻게 다음 주까지 제가 그 프로젝트를 마칠 수 있기를 기대하시지요?"에 대해 "업무량이 지금 당장 과도하다는 말로 들립니다." 라고 말하면 공감하기 듣기의 반응이다.

공감을 잘하기 위한 스킬을 몇 가지 소개하면 다음과 같다.[97]

① 감정을 인식하고 식별하라.

"저의 말에 많이 화가 나 있는 거 맞죠?"

② 내용을 다른 단어로 재진술하라.

"결국 제품이 우수하다는 의미이군요?"

③ 확정적이지 않는 반응을 하라.

"~인 거 같군요."

④ 교양 있는 추측하기를 하라.

"저의 제안에 속이 상한 듯해 보이네요."

협상에서 듣기가 중요한 표현의 문장을 하나 소개한다.[98]

협상에 성공하려면 상대방의 욕구, 원하는 것, 동기를
이해해야 한다. 이해하기 위해서는 들어야 한다.

7) 스티븐 코비의 적극적 듣기와 공감적 경청

적극적 듣기를 측정하는 흥미로운 모형이 있다. 스티븐 코비가 듣기의
수준을 임의적이긴 하지만 5수준으로 구분하여 다음과 같이 수준별로 나
눈다.99)

1수준: 무시 혹은 회피

전혀 주의를 기울이지 않거나 듣기를 회피함

2수준: 듣기를 가장

"예", "그렇습니까" 등 반응하지만, 실제로는 듣고 있지 않음

3수준: 선택적 듣기

상대방의 발언 중 관심 있는 부분에만 주의를 기울이고, 그렇지 않으
면 다른 생각을 함

4수준: 주의 깊은 듣기

상대방 발언의 단어 하나하나를 놓치지 않고 들으며, 특히 발언의
내용에 주의를 기울임

5수준: 적극적 듣기

상대방 발언의 내용, 의미, 숨겨진 감정, 의도 등을 최대한 깊이 이해
하기 위하여 성의를 다해 경청함

스티븐 코비는 5수준을 공감적 경청(sympathetic listening)으로 표현
하면서 '이해하려는 의도를 가지고 경청하는 것'을 말한다고 정의하고 있
다.100)

<표 7-3> 듣기의 단계와 수준 연계

듣기 단계 (F, G, D) / 듣기 수준(Covey)	소극적 듣기 1.수신하기	적극적 듣기 2.이해하기	3.평가하기	4.반응하기 (Boston)	4.반응하기 (S&F)
1수준 무시·회피	1수준 무시·회피				
2수준 듣기 가장	2수준 듣기 가장				
3수준 선택 듣기	3수준 선택 듣기			Boston 1.바꿔 말하기	S&F 1.확인 하기
4수준 주의 깊은 듣기	.	4수준 주의 깊은 듣기		2.명확히 하기	2.명확히 하기
5수준 적극적 듣기			공감적 경청	3.공감 하기	3.공감 하기
				4.요약 하기	

주: F, G, D = FMCS, Grisoni Coaching, DeVito; Covey = Steven Covey; Boston = Boston University; S&F = Stark & Flaherty.

    <표 7-3>은 앞에서 논의한 듣기 스킬의 종류와 단계를 듣기 수준에 연계하여 보여 준 표이다. 듣기를 크게 소극적 듣기와 적극적 듣기로 구분하면 소극적 듣기는 수신하기에 해당하고 적극적 듣기는 이해하기, 평가하기, 반응하기로 구성된다. 스티븐 코비의 5가지 수준을 아래로 정리하여 듣기 단계와 연계할 수 있다. 1, 2, 3수준의 듣기 수준은 소극적 듣기에 해당하고 4수준 주의 깊은 듣기는 적극적 듣기 중 2.이해하기에 해당한다. 적극적 듣기 중 4.반응하기는 보스톤 대학교의 4가지 스킬과 Stark & Flaherty의 3가지 스킬로 구체화된다. 보스톤 대학교와 Stark & Flaherty의 반응하기 스킬 중 3.공감하기는 바로 코비의 5수준 적극적 듣기와 같은데 코비는 공감적 경청이라고도 한다.

3. 비언어 소통

비언어 소통(nonverbal communication) 또는 비언어 행동 (nonverbal behavior)은 문자 그대로 언어 이외의 방법, 즉 신체적 행동 을 통해 의사를 전달하거나 인식하는 것을 말한다. 흔히 우리가 사용하는 신체적 언어(body language)와 유사한 의미이다.[101]

1) 비언어 소통의 3단계

2) 자기 인식   1) 상대방 인식

3) 비언어 소통 사용   4) 언어 소통

비언어 소통은 다음의 3단계를 거쳐서 진행된다.

1단계 상대방을 인식함

상대방이 보내는 여러 가지 신체적 시그널을 인식하는 단계이다. 상대 방이 어떤 행동을 할 때 정직함, 신뢰감, 지루함, 화남, 방어적임 등을 표시라는 시그널을 인식하게 된다.

2단계 자신을 인식함

상대방이 비언어적 행동으로 무엇인가를 말하고 있음을 인식할 때 자기 자신도 비언어적으로 소통하고 있음을 인식해야 한다. 예를 들어 상대방이 다리와 팔을 꼬고 의자에 기대어 앉아 있으면 수용하는 상황이 아님을 보여주고 있는데 자신도 노트패드를 책상에 올려두고 다리를 꼬고 의자에 기대어 앉아 있음을 발견하게 된다. 상대의 신체적 언어를 이해하기 위해 자신의 신체적 언어를 먼저 인식해야 한다.

3단계 자신과 상대방을 관리하기 위해 비언어 소통을 사용하기

상대방의 비언어 소통을 알았으면 자신의 잘못된 비언어 소통을 바꾸어야 한다. 이렇게 비언어 소통을 바꾼 후에 언어 소통을 시작해야 한다. 노트패드를 책상에 올려놓고 의자를 약간 앞으로 당기고 다리를 정자세로 하여 상대방을 수용하려는 자세를 취해야 한다. 자신과 상대방의 비언어 행동을 관리하기 시작했다면 비로소 언어적 소통의 이득을 취하기 시작할 것이다.

2) 주요 제스처

비언어 소통은 언제 자신이 철회해야 할지 또는 원하는 결과를 얻기 위해 다른 어떤 것을 해야 할지를 알도록 해주기 때문에 협상가에게는 매우 중요하다. 제스처를 파악하기 위해 몸의 5가지 부분으로 구분한다. 얼굴과 머리, 몸체, 팔, 손, 다리의 주요 자세와 의미를 살펴보자.[102]

① 얼굴과 머리
·눈을 피함: 무엇인가 숨기려고 함, 진실하지 못한 말을 함
·주위를 봄: 지루해하고 있음
·지속적으로 눈을 바라봄: 정직하고 신뢰감 있음
·머리를 약간 돌림: 더 잘 들으려고 함
·머리를 약간 기울임: 무슨 말인지 확실하지 않다는 느낌

② 몸체
·몸을 앞으로 기울여 다가옴: 자신을 좋아하고 확실하다는 의미
·몸을 뒤로 빼고 멀리함: 자신을 싫어하거나 불확실하다는 의미
·몸을 왼쪽이나 오른쪽으로 기울임: 자신에게 관심이 없거나 우려스럽다는 의미

③ 팔
·팔을 넓게 벌림: 상대방이 수용하는 자세
·팔을 가슴으로 접음: 상대방이 수용하지 않는 자세
·팔로 뒷짐을 짐: 압도하고 싶다거나 부정적 반응을 보임

④ 손
·손바닥을 폄: 숨기는 것이 없음, 긍정적인 신호
·손바닥을 머리 뒤로 감싸 안음: 압도적이거나 우울함의 신호
·좌우 손가락을 맞댐: 압도하거나 통제하려는 표시
·손을 쥐어 짬: 근심, 불안, 자신감 결여를 표시
·코, 귀, 턱, 머리, 옷에 우연히 손을 갖다 댐: 긴장하거나 불안함을 표시

⑤ 다리
·다리를 꼼: 편안함을 표시하지만 진지한 협상자세는 아님

협상을 성공적으로 이끌기 위해서는 개방적이고 긍정적인 신호를 보내야 하는데 다리를 꼬지 말고 발은 바닥에 바르게 두고 몸은 상대방에게 약간 기울이는 자세를 취해야 한다.

Competency 7. 소통역량

질문과 듣기 스킬 그리고 비언어 소통을 마스터하라!

질문 스킬을 마스터하라.

◇ 폐쇄형 질문은 예, 아니오 대답을 만드는 질문으로 대화를 진행하거나 결정을 하거나 양보를 얻어낼 때 사용한다.

◇ 개방형 질문은 6하 원칙 의문사로 질문하며 많은 정보를 수집하고 상대방의 욕구, 목표, 행동유형을 알아낼 때 사용한다.

◇ 질문하는 목적에 따라 질문해야 한다. 정보 부족, 정보 확인, 이해도 확인, 행동유형 결정, 참가 유도, 정보제공, 생각 촉진, 주제환기, 합의 도달, 아이디어 수용, 긴장 완화, 칭찬과 친밀감 등의 목적에 따라 질문한다.

◇ 질문하는 적절한 방법을 사용해야 한다. 질문 계획 세우기, 상대방 유형 파악하기, 질문 좁히기, 질문 타이밍 사용, 이전 반응 기초, 질문 승인받기, 질문 후 듣기, 핵심사항 기록 등을 사용한다.

듣기 스킬을 마스터하라.

◇ 듣기의 3가지 함정을 유의해야 한다. 협상은 설득이라고 생각하는 함정, 자신이 말하는 것에만 집중하는 함정, 감정의 필터 작용으로 듣지 못하는 함정에 빠지지 않아야 한다.

◇ 적극적 듣기의 2단계 이해하기 또는 주의 깊은 듣기를 잘 해야 한다. 상대방의 진정한 메시지를 밝혀내는 필요한 12가지 듣기 스킬을 익혀야 한다. 상대 욕구 파악, 방해하지 않기, 기록하기, 주의 기울이기, 화내지 않기 등 스킬을 익힌다.

◇ 적극적 듣기의 4단계 반응하기를 잘 해야 한다. 바꿔 말하기, 명확히 하기, 이해공감하기, 요약하기의 4가지 기법을 구사해야 하고 공감하기 스킬도 익혀야 한다.

비언어 소통을 마스터하라.

◇ 비언어 소통의 3단계를 이해한다. 상대방 인식, 자신 인식, 자신과 상대방을 관리하기 위해 비언어 소통 사용의 3단계로 진행된다.

◇ 5가지의 제스처를 파악한다. 얼굴과 머리, 몸체, 팔, 손, 다리의 자세의 의미를 파악하고 자기 제스처를 잘 관리해야 한다.

◇ 협상을 성공적으로 이끌기 위해서는 개방적이고 긍정적인 신호를 보내야 하는데 다리를 꼬지 말고 발은 바닥에 바르게 두고 몸은 상대방에게 약간 기울이는 자세를 취해야 한다.

협상명언 7

협상의 성공은 질문 스킬, 듣기 스킬, 비언어 소통을 어떻게 구사하느냐에 달려 있다!

제3부 대응역량 개발

협상의 장애 극복

제8장 스타일역량:

상대방의 행동유형은 어떻게 반응해야 하는가?

우리는 앞에서 성공하는 협상을 어떤 전략으로 어떻게 진행할지, 또 어떤 스킬을 구사할지에 대해 알아보았다. 협상을 철저히 준비도 하는 용의주도한 면도 갖추었다고 하자. 이제 바로 협상에 임하면 될까? 협상의 전문가라면 상대가 어떤 유형인가를 파악하고 이에 대처하는 지혜를 겸비하는 것이 필요하다는 점을 강조한다. 자사의 제품을 홍보하고 부탁을 하는 데도 상대방의 성격과 행동유형에 따라 다르게 접근하는 경험들이 있을 것이다. 바로 협상에서도 이렇게 상대방의 행동유형에 따라 다르게 대해야 효과적이라는 것을 알 수 있다. 그래서 이 장에서는 행동유형 모델이 많지만 간단하고 현장 협상에 적합한 4가지의 행동유형을 설명하고 활용하고자 한다.

1. 4가지 행동유형

이 행동유형은 사회적 스타일 모델(Social Style Model)이라고 하는데 사람의 행동을 객관적으로 평가하기 위해 단호함(assertiveness)과 반응성(responsiveness) 두 가지의 기준을 도입하고 있다.[103] 단호함은 다른 사람과 교류할 때 질문하고 말할 때 자기주장을 강하게 하는지의 정도를 나타내고 있다. 말하기 단호(tell assertive)는 의사소통에서 직접적이고 강력하고, 강한 제스처로 눈을 마주보는 사람이다. 반면 질문하기 단호

(ask assertive)는 자신에 대해 생각을 하면서 말을 적게 하고 천천히 말하는 사람이다.

반응성은 얼마나 많은 감정이 나타나는지를 측정한다. 통제된 (controlled) 사람은 거리를 두고, 공식적이며 감정을 별로 표현하지도 않는다. 감정적인(emote) 사람은 느낌을 공개적으로 드러내고 매우 활기 있는 사람이다. 이렇게 질문하기-말하기(ask-tell), 통제하기-감정적이 기(control-emote)의 짝으로부터 4가지 범주가 만들어진다.104) 감정 표출과 강한 단호는 추진적(driving)의 명칭을 부여하고 이는 독립, 과업과 결과 중심, 확실한, 신속한, 압도적이라는 특성을 가지고 있다. 감정 통제와 강한 단호는 분석적(analytical)의 명칭을 부여하고 이는 신중, 과업지향, 조심, 논리라는 특성을 가지고 있다. 감정 통제와 약한 단호는 온화한 (amiable)의 명칭을 사용하고 의존적, 관계 중심, 지원적, 공개적, 유연한, 갈등회피라는 특성을 가지고 있다. 마지막으로 감정 표출과 약한 단호는 활달한(expressive)의 명칭을 사용하고 공상적, 활발한, 화려한, 신속한, 충동적인, 고집 센 이라는 특성을 가지고 있다.

[그림 8-1]은 사회적 스타일 모델을 표현하고 있다. 횡축은 왼쪽에서 오른쪽으로 갈수록 감정 통제에서 감정 표출로 변하게 된다. 종축은 아래에서 위로 올라 갈수록 단호한 성향이 높아진다. 단호함과 반응성, 두 축의 결합에 따라 분석, 추진, 온화, 활달이라는 4가지의 사회적 스타일 유형이 나타나는 것을 볼 수 있다.105)

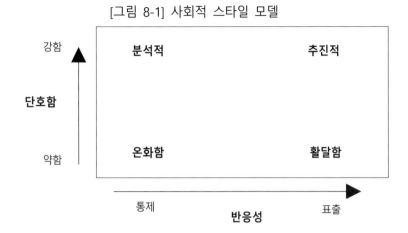

[그림 8-1] 사회적 스타일 모델

강함

단호함

약함

분석적

온화함

추진적

활달함

통제   반응성   표출

출처: McCorkle and Reese(2010), p.112

이 사회적 스타일은 협상가의 행동유형을 파악하는데 유용하게 활용될 수 있다. 일반적으로 상대방 행동유형과 같은 행동을 한다면 협상을 잘 이끌어갈 수 있다. 반대로 완전히 다른 행동유형으로 협상을 하게 될 때 협상은 어려워지게 된다. 예를 들어 한 사람은 온화한 스타일로서 관계를 중시하면서 과업 지향적이지 않는 반면 다른 한 사람은 추진적인 스타일로서 냉정하고 비정하며 오직 협상 성과에만 관심이 있다고 하자. 온화한 사람은 추진적인 사람이 폭력적이라고 생각할 수도 있고 추진적인 사람은 온화한 사람을 느리고 무능한 사람이라 생각할 수도 있다. 그리고 분석적인 사람은 활달한 사람을 덜렁대며 좀 모자라는 사람이라고 생각할 수 있고 반대로 활달한 사람은 분석적인 사람을 쫌 생이 같이 쪼잔하게 따지기만 한다고 생각할 수도 있다. 사람마다 자신의 고유한 행동유형이 있지만 유능한 협상가는 상대방의 행동유형을 먼저 파악해서 이에 맞는 대응 방식을 적용하여 협상을 성공으로 이끌게 된다.

2. 행동유형 활용 전략

사회적 스타일 모델의 4가지 행동유형을 파악한 이유는 협상을 하면서 행동유형이 협상에 미치는 영향을 고려하여 행동유형을 잘 활용함으로써 협상을 성공시키기 위한 것이다. 먼저 협상의 상대방 행동유형이 무엇인지 파악하는 것이 제일 중요하다. 만약 자신과 서로 다른 행동유형의 상대방을 만났을 때 협상이 매우 어려운 국면으로 치달을 수 있다. 우리가 주위의 가족, 친구, 동료 등과 지내면서 그 사람의 성격에 따라 다르게 대할 때가 있다는 경험들을 한 적 있다. 감정이 쉽게 상처받는 사람을 대할 때는 매우 조심스럽게 행동하고 급하고 빠른 사람에게는 간결하게 행동할 것이다.

모든 사람은 다르고 모든 협상도 다르다. 이러한 차이를 인식하고 협상에 서로 다른 접근방법을 적용하는 사람은 바로 '협상의 플라티눔 규칙'(the Platinum Rule of Negotiation)을 실천하고 있다.[106]

"상대방이 원하는 (스타일)대로 상대방에게 행동하라."
("Do unto others as they want to be done unto.")

다른 말로 표현하면 성공적 협상가는 상대방의 행동유형과 욕구에 접근방법을 맞추어 행동한다. 협상가가 자신의 스타일과 성격, 자존심 그리고 과거경험을 가지고 협상을 하는 경향이 있다. 상대방 협상 스타일에 맞추어 협상을 하는 방법을 이해하는 것은 협상의 성과에 긍정적인 영향을 주게 될 것이다. 상대방이 선호하는 행동유형을 인식하는 것은 그 사람의 안전영역(comfort zone) 내에 자신의 접근방법을 유지하도록 해준다.

3. 행동유형에 따른 효과적 관계형성

상대방의 행동유형을 알게 되면 이에 대한 효과적인 관계형성 방법을 숙지하고 유연하게 대처할 준비를 해야 한다. <표 8-1>은 4가지 행동유형의 특징을 4가지씩 요약하고 이에 대한 효과적 관계형성의 방법을 정리하였다. 행동유형의 특징은 훨씬 더 많이 찾을 수 있으나 이해에 도움이 될 정도의 간단한 4가지를 소개한다.

<표 8-1> 4가지 행동유형에 따른 효과적 관계형성

온화형(Amiables)		추진형(Drivers)	
행동특징	효과적 관계형성	행동특징	효과적 관계형성
관계에 강한 관심	관계에 존중과 배려, 성실과 진지함	성과에 강한 관심 관계는 부차적임	최저선 확인, 비즈니스에 초점 맞춤
신뢰를 줌	신뢰형성 태도 보임, 신뢰손상은 협상거부 가능성	사실에 초점 감정은 덜 중요	확신을 높이기 위해 첫 회의 전 준비
개인 쟁점과 관심 공유	협상은 사업 이상, 개인적임을 이해	참을성 부족	해결과 대안을 제시하도록 질문
화합의 강한 욕구	긍정적, 문제해결식을 유지	승리의 강한 욕구	승패시나리오 피하고 주고-받기 요청

분석형(Analyticals)		활달형(Expressives)	
행동특징	효과적 관계형성	행동특징	효과적 관계형성
정확, 구체적 사실과 정보의 욕구	협상 전 철저 준비, 정확한 조사연구	관계를 중시함	관계에 존중과 배려, 친근감 표시
무감정, 식별 어려움	조심과 무감정 진행이 특징임을 이해	활발한 대화 선호	적극적 듣기, 공감을 표현
논리적, 조직적임	조직능력, 논리적 접근 인정, 존중	자기 자랑과 과장함	적극적 듣기, 공감을 표현하되 쟁점복귀
조심성, 구체성	구체성 욕구 존중	신속한 처리	신속처리 보조 맞추되 대안 요점 검토

출처: Stark & Flaherty(2017), pp.88-93에서 발췌하였다.

온화형, 추진형, 분석형, 활달형의 행동유형별 특징에 대해 각각 효과적인 대응방법들을 간략히 요약하였는데 공통되는 핵심적인 대처방법은 상대방의 행동유형을 존중하고 그 행동유형에 어울리는 반응을 보이는 것이다. 말하자면 협상가가 자신의 고유한 행동유형이 있음에도 불구하고 상대방의 행동유형을 인정하고 상대방이 편안함을 느낄 수 있도록 맞추어 행동을 하면 된다.

가장 나쁜 대응방법은 행동유형이 상대방과 반대임에도 상대방 유형을 전혀 고려하지 않고 자신의 행동방식만 고수하여 상대방이 불편하게 되는 것이다. 행동유형의 충돌로 협상의 분위기가 경색되고 대화가 어려워지면 결국 협상이 중단되는 사태가 발생할 수도 있다.

4. 상대방 행동유형 식별하기

협상가가 자기 자신의 행동유형은 사회스타일모델을 이용하여 알 수 있지만 상대방의 행동유형은 어떻게 알아낼 수 있을까? 여기서 상대방 행동유형을 식별하는 방법으로 일반적 관찰, 듣기, 질문하기 등 3가지 방법을 소개하려고 한다.[107]

1) 일반적 관찰

협상가는 일반적 관찰을 통해 상대방 행동유형의 단서를 찾을 수 있다. 협상이나 어떤 기회에 상대방의 사무실에 들어서면 주위를 둘러보라. 벽이나 책상에 걸려 있는 물건들이 상대방이 중요하다고 생각하는 것들에 대한 통찰력을 줄 것이다. 가족사진이나 기업사진들이 전시되어 있으면 관계를 중시하는 사람이다. 그러면 그 상대방이 온화형으로 추측할 수 있고 이에 맞는 협상을 시작할 수도 있다.

반면에 업적이나 성과를 보여주는 상패나 증서가 전시되어 있으면 그 상대방은 추진형으로 분류될 수 있다. 그리고 사무실이 깨끗하고 파일이나 서류가 정돈이 잘되어 있으면 상대방은 분석적인 유형으로 분류될 수 있다. 일반적 관찰은 상대방 행동유형을 결정할 수는 없지만 초기의 통찰력을 얻는데 도움을 줄 수 있다.

2) 듣기

상대방이 어떤 말로 반응을 하는지를 들으면서 평가해보면 그 사람의 행동유형을 식별할 수 있다. 예를 들어 어떤 근로자가 같은 부서 팀장에게 3개월 이내에 회사를 사직할 것이라고 말했을 때 팀장이 어떻게 반응하는지 살펴보자. "정확히 언제 사퇴할 건가요?"라고 팀장이 말하면 그 팀장은 추진형이라고 할 수 있다. 만약 팀장이 "좀 더 오래 근무할 수 있는 환경을 만들기 위해 무엇을 해드리면 될까요?" 라고 말하면 그는 온화형일 것이다. 팀장이 "매일 어떤 일을 하셨는지 기록을 좀 해주시면 후임자 교육을 시키는데 도움이 되겠습니다." 라고 말하면 그는 분석형임에 틀림없다. 또 어떤 팀장은 "오, 좋은 직장으로 옮기는 모양이군요. 가시기 전에 성대한 송별회를 해드려야 하겠네요." 라고 말하면 그는 활달형으로 보인다.

3) 질문하기

상대방에게 어떤 적절한 질문을 하고 어떻게 대답하는지를 보고 상대방의 행동유형을 결정할 수도 있다. 예를 들어 상대방이 추진형인지 분석형인지를 구분하기 위해 "저희 입장을 설명하는 60쪽 자료를 준비했습니다. 이 서류를 모두 설명을 해드릴까요, 아니면 2페이지로 된 요약본으로 설명 드릴까요?" 분석형은 모든 자료를 검토하기를 원하고 추진형은 2페이지 요약본을 보기를 원한다.

몇 가지 생활 대화로 행동유형을 엿볼 수도 있다. 예를 들어 협상을 시작하면서 "오늘 날씨가 좋지요?" "지난 주말은 어떻게 보내셨는지요?" 라고 질문을 했을 때 온화형은 많은 정보를, 그것도 개인적 정보를 늘여놓을 것이다. 추진형은 "좋습니다." 라고 말하고는 바로 주제로 들어가려고 할 것이다.

4) 상대방 행동유형 활용

이제 상대방 행동유형을 식별하였다면 어떻게 활용하면 되는가? 상대방 행동유형을 식별하고 자신의 행동유형을 그에 맞추어 대응할 수 있는 능력은 상호 좋은 결과를 만들 수 있는 생산적 관계를 구축할 수 있게 한다. 앞에서 소개한 협상의 플라티눔 규칙인 "상대방이 원하는 (스타일) 대로 상대방에게 행동하라."를 다시 강조하게 된다.

상어나 잉어를 만났을 때 돌핀처럼 행동하라!

◆ 상어형 협상가

상어란 놈은 원래 날카로운 이빨로 상대를 물어뜯는 바다의 무서운 물고기이다. 협상에서 승자와 패자만이 존재한다는 개념으로 임하는 협상가이다. 상어는 결핍을 믿고 그래서 어떤 경우에도 어떤 비용이 들더라도 가질 수 있는 만큼 다 가지기를 원한다. 협상에서 상어의 기본 성격은 빼앗거나 교환하는 것이다. 일차적으로 상어의 목표는 상대를 타격하는 것이지만 승리할 노력이 좌절되면 우호적인 교환전략을 사용한다. 상어의 두 번째 특징은 협상에서 최고의 해결점을 가진다고 가정하는 것이다. 상어는 단점을 숨기기 위해 거짓말을 하기 때문에 상어와 협상할 때는 끊임없이 방어를 하고 있어야 한다. 상어의 탈취 전략이 실패하면 더욱 죽이기 작전을 사용한다. 상어는 그들의 실수로부터 다른 어떤 것을 하거나, 배우려 할 수도, 할 의지도 없다.

상어형 협상가와 협상을 하기 어려운 이유는 상어가 창의적 전략을 사용할 능력이 부족하기 때문이다. 상어형 협상가가 탈취 전략이 실패하면 더욱 죽임(the kill)에 집중한다. 그들은 다른 전략을 시도하지 않고 동일한 것을 더 강한 수준으로 시행하게 된다.

만약 자신이 상어형 협상가라고 생각되면 자신의 스타일이 작동하는 것은 상대방의 희생으로 가능해진 것이며 상대방은 스스로 패배자로 생각하고 분개할지도 모르는 상황을 초래한다. 자신의 흔적에 죽이는 기록을 남기는 것은 장기적 전문가 이익에 부합하지 않다.

◆ 잉어형 협상가

잉어는 상어와 같이 결핍의 세계, 즉 승자와 패자만 존재하는 세계에 살고 있다고 믿는다. 잉어는 상어와 달리 자신은 결코 승자가 될 수 없다고 믿는다. 잉어는 자신이 충분히 얻을 수 없다고 믿기 때문에 현재 가지고 있는 것을 잃지 않으려는 노력에 집중한다. 상어와 협상을 하는 잉어는 살은 채로 먹히기가 일쑤다. 잉어는 먹힐 것이라고 기대하며 협상장으로 들어간다. 잉어는 자신이 안전하다고 생각하는 유일한 환경인 잉어들의 세계에 머물러 있다. 잉어는 대결을 좋아하지 않기 때문에 일반적인 반응은 굴복하거나 빠져나오는 것이다. 협상을 피하고 계속 빠져나오는 잉어는 자신이 제외되어 잉어 외의 다른 물고기로부터 소외되는 것이다. 굴복하는 잉어는 결국 포기할 어떤 것도 남아 있지 않아서 결국 산 채로 먹힌다.

만약 당신이 잉어라면 소망의 수준을 높이는 데에 집중해야 한다. 소망의 수준은 결과를 좌우하게 된다.

◆ 돌핀형 협상가

돌핀은 높은 지능과 경험으로부터 학습능력 때문에 이상적인 협상가를 묘사하는 동물이다. 돌핀은 원하는 것을 얻지 못할 때 목표를 추구하는 행동을 재빨리 그리고 의도적으로 바꾼다.

돌핀이 상어를 만나면 옆 지느러미를 부딪치고 불룩한 코를 곤봉으로 사용하면서 상어주위를 계속 빙빙 돌게 된다. 결국 상어는 포기하고 힘없이 가라앉는다.

 돌핀형 협상가는 상어나 잉어와 같이 이기려는 욕구는 있으나 상대방이 패배하도록 하는 욕구는 가지고 있지 않다. 돌핀형 협상가는 자신의 목표를 달성하지만 상대방을 협상과정에서 탈진시키지는 않는다. 돌핀형 협상가는 생각이 빠르고 회복탄력성과 적응력이 높고 상호이익의 성과에 집중한다.

◆ 세 유형 간 생각의 차이

<표 8-2> 상어, 잉어, 돌핀의 생각 차이

생각기준	상어의 생각	잉어의 생각	돌핀의 생각
결핍/풍요	결핍의 세계에 산다.	결핍의 세계에 산다.	잠재적 풍요의 세계에 산다. 협상을 무한한 성과를 가질 수 있다.
분배/창조	어떤 대가를 치르더라도 이기는 것이 중요하다.	기존의 보유를 유지하거나 손실을 최소화하기 위해 열심히 일해야 한다.	협력적으로, 가능한 옵션에 집중하여 더 많은 부와 풍요를 각자 성취할 잠재성이 있다.
승/패	죽임에 집중하는 것이 꼭 필요하고 승리가 매우 중요하다.	대적은 두렵다. 갈등해결방법은 굴복하거나 떠나는 것이다.	도발이 되면 즉시 단호하게 대응하는 것이 중요하다.

(출처: 원전은 Lynch, Dudley and Paul L. Kordis(1988), *Strategy of the Dolphin*, New York: William Morrow & Co.이고 재인용된 문헌은 Stark & Flaherty(2017), pp.74-80을 참조.)

Competency 8. 스타일역량

상대방 행동유형을 식별하고 그에 맞추어 협상하라!

사회적 스타일 모델의 4가지 행동유형을 이해하라.

◇ 추진형(drivers): 독립, 과업과 결과 중심, 확실한, 신속한, 압도적이라는 특성을 가지고 있는 행동유형

◇ 분석형(analyticals): 신중, 과업지향, 조심, 논리라는 특성을 가지고 있는 행동유형

◇ 온화형(amiables): 의존적, 관계 중심, 지원적, 공개적, 유연한, 갈등회피라는 특성을 가지고 있는 행동유형

◇ 활달형(expressives): 공상적, 활발한, 화려한, 신속한, 충동적인, 고집 센 이라는 특성을 가지고 있는 행동유형

행동유형에 따른 효과적 관계형성 방법을 마스터하라.

온화형(Amiables)		추진형(Drivers)	
행동특징	효과적 관계형성	행동특징	효과적 관계형성
관계에 강한 관심	관계에 존중과 배려, 성실과 진지함	성과에 강한 관심 관계는 부차적임	최저선 확인, 비즈니스에 초점 맞춤
신뢰를 줌	신뢰형성 태도 보임, 신뢰손상은 협상거부 가능성	사실에 초점 감정은 덜 중요	확신을 높이기 위해 첫 회의 전 준비
개인 쟁점과 ·관심 공유	협상은 사업 이상, 개인적임을 이해	참을성 부족	해결과 대안을 제시하도록 질문
화합의 강한 욕구	긍정적, 문제해결식을 유지	승리의 강한 욕구	승패시나리오 피하고 주고-받기 요청

분석적(Analyticals)		활달함(Expressives)	
행동특징	효과적 관계형성	행동특징	효과적 관계형성
정확, 구체적 사실과 정보의 욕구	협상 전 철저 준비, 정확한 조사연구	관계를 중시함	관계에 존중과 배려, 친근감 표시
무감정, 식별 어려움	조심과 무감정 진행이 특징임을 이해	활발한 대화 선호	적극적 듣기, 공감을 표현
논리적, 조직적임	조직능력, 논리적 접근 인정, 존중	자기 자랑과 과장함	적극적 듣기, 공감을 표현하되 쟁점복귀
조심성, 구체성	구체성 욕구 존중	신속한 처리	신속처리 보조 맞추되 대안 요점 검토

상대방 행동유형을 식별하고 활용하라.

◇ 일반적 관찰: 협상가는 일반적 관찰을 통해 상대방 행동유형의 단서를 찾을 수 있다. 상대방의 사무실에 들어갔을 때 벽이나 책상에 걸려 있는 물건들이 상대방이 중요하다고 생각하는 것들에 대한 통찰력을 줄 것이다.

◇ 듣기: 상대방이 어떤 말로 반응을 하는지를 들으면서 평가해보면 그 사람의 행동유형을 식별할 수 있다.

◇ 질문하기: 상대방에게 어떤 적절한 질문을 하고 어떻게 대답하는지를 보고 상대방의 행동유형을 결정할 수도 있다.

◇ 상대방 행동유형 활용: 상대방 행동유형을 식별하고 자신의 행동유형을 그에 맞추어 대응한다면 상호 좋은 결과를 만들 수 있는 생산적 관계를 구축할 수 있다.

협상명언 8 [협상의 플라티눔 규칙]

상대방이 원하는 스타일대로 상대방에게 행동하라!

제9장 난국대처역량:

협상의 난국은 어떻게 대처해야 하는가?

협상을 진행하다 보면 힘든 상대방을 만나 진척이 되지 않거나 협상자체가 파괴될 위기에 봉착할 경우가 생길 수 있다. 전문적 협상가라면 이러한 난국 상황에 대처할 수 있는 방법과 스킬을 완비해 있어야 한다. 여러 가지 난국 상황을 소개하고 이를 극복하는 방법을 설명하고자 한다.[108)

1. 협상의 난국 상황이란?

협상 중에 협상가가 만나게 되는 어려운 국면 또는 난국 상황(difficult situation)은 여러 가지가 있을 수 있다. Fisher, Ury & Patton(1991)은 상대가 화를 내거나, 힘이 더 쌔거나, 공격하거나, 비열한 수법을 사용하는 경우를 언급하고 이에 대한 대처방법을 제시하고 있어서 분노 폭발, 힘의 우위, 공격, 비열 수법을 바로 난국의 상황으로 간주하고 있다.[109) Ury(1993)는 관계를 가로막는 5가지 장벽으로 반사적 반응, 상대 감정, 상대 입장, 상대 불만, 상대 파워를 제시하였다.[110)

① 반사적 반응: 상대의 어려운 행동에 대한 자신의 반응이 장애이다.
② 상대 감정: 상대의 화, 적개심 같은 부정적 감정이 장애이다.
③ 상대 입장: 상대의 입장 고착과 항복 요구가 장애이다.
④ 상대 불만: 상대가 상호 만족에 관심 없다는 태도가 장애이다.
⑤ 상대 파워: 상대가 힘으로 이겨서 얻는다는 태도가 장애이다.

Lewicki, Litterer, Minton & Saunders(1994)는 극단적, 비생산적 갈등을 6가지로 분류하였다.111)

　① 분노, 좌절, 적개심

　② 공격, 비난

　③ 혐오(초기 쟁점 확대, 변질)

　④ 차이점 확대 인식(공통점 축소 인식)

　⑤ 입장 고착(협박, 거짓말, 왜곡 동원)

　⑥ 호전적, 독재(자기 집단 내 차이점 묵살)

Bill McCormick은 Peak Selling 조사를 이용하여 25가지의 전술을 3가지 유형으로 분류하여 정리하였다.112)

① 고착 전술

　-예산(또는 보기)

　-회사 정책

　-시한 압박

　-교착 상태

　-기정 사실

　-비협상 요구

　-최종 제안(싫으면 관둬)

② 공격 전술

　-분리 정복(divide and conquer)

　-감정 폭발

　-우회적 공격

　-빈정거림(또는 개인적 공격)

　-의도적 지연

-공격적으로 토론종식

-과도한 초기 요구

-신체적 환경

-협박

③ 속임수

-거물 행세

-아전인수격 해석

-허위 권위

-좋은 놈, 나쁜 놈

-실종자

-니블링

-허위 사실(거짓)

-절충하기

-줬던 것 도로 가져가기

로날드 샤피로 외(2003)는 감정적 측면에서 상대의 전략에 분노를 느낌, 모멸감 느낌, 죄의식을 느끼도록 함, 결정을 일임한 후 수락을 거절함, 아부하여 양보를 유도하는 까다로운 협상, 약자입장에서 협상 그리고 입장에 고착되어 있는 교착상태의 협상을 매우 어려운 난국 상태로 간주하고 있다.[113]

　이상의 여러 문헌에서 상대방의 행태를 관찰하여 난국이라고 간주되는 상황의 빈도수를 식별해보면 다음과 같다.

　① 화나 있을 때: 5회

　② 공격적일 때: 4회

　③ 입장에 고착되었을 때: 4회

④ 힘이 더 쎌 때: 4회

⑤ 비열 수법을 사용할 때: 2회

⑥ 공통점 없다고 인식할 때: 1회

⑦ 상호 만족에 대해 무관심 또는 의심할 때: 1회

⑧ 혐오감을 가질 때: 1회

⑨ 자기 집단 내 독재로 호전적일 때: 1회

⑩ 아부하여 양보를 유도할 때: 1회

이러한 난국 상황의 빈도수 분석에 따라 2회 이상 언급한 상황을 분석의 대상으로 삼으려 한다. 다만 공통점 없다는 인식에 대해서는 그 대처방법이 분석되어 있어서 포함하고자 한다.

① 화나 있을 때

② 공격적일 때

③ 입장에 고착되었을 때

④ 힘이 더 쎌 때

⑤ 비열한 수법을 사용할 때

⑥ 공통점 없다고 인식할 때

여기에 여섯 가지 구체적 상황에 포함되지 않은 나머지 상황을 포함하여 일반적으로 다루기 어려운 상대방을 대할 때 어떻게 대처해야 할지에 대해 마지막에서 설명하고자 한다.

2. 상대방이 화나 있을 때

상대방이 화가 나 있거나 흥분해 있거나 좌절해 있을

때 긴장이 고조될 수밖에 없는데 이 긴장을 완화해야 한다. 어떤 사람은 웃음을 자아내고 긴장을 완화시키기 위해 위트나 농담을 사용하기를 좋아할 수도 있고, 다른 사람은 어떤 반응 없이 상대방이 화를 내게 하고 좌절감을 표출하도록 내버려두기도 한다. 또 어떤 노련한 협상가는 상대방의 말을 듣고 감정을 표출하도록 하여 카타르시스가 되도록 하고 협상이 원래대로 되돌아오게 한다.

상대방이 화나 있을 때 긴장을 완화하는 세 가지 방법을 소개하려고 한다. 즉, 적극적 듣기, 상호 분리, 공동 긴장 완화가 그것이다.

1) 적극적 듣기

상대방이 다른 의견을 말할 때 오해를 하는 것은 갈등을 심화시킬 수 있다. 상대방의 감정을 그대로 인정하고 적극적으로 들어주는 것이 중요하다. 상대방이 말하는 것을 정확하게 듣는 것과 그 말에 동의하는 것은 다르다. 들을 때는 상대방 메시지의 내용과 정서적 강도를 모두 이해해야 한다. 상대방의 말에 도전적으로 말하기보다 잘 이해하려고 확인하는 자세가 필요하다. 상대가 하는 말의 내용과 감정을 이해하는 것은 적극적 듣기로 가능하다. 적극적 듣기의 구체적 내용과 스킬은 제7장 성공하는 협상의 소통스킬은 무엇인가?를 참고할 수 있다.

2) 상호 분리

때로는 감정이 격화되어 있는 상대방을 대면해서 말하지 않고 서로 떨어져 있는 게 좋을 수도 있다. 휴식을 취하거나 서로 별도의 공간에서 열기를 가라 앉히거나 회의를 연기하거나 해서 그 순간의 긴장을 완화하는 방법을 모색해야 한다. 일정한 시간이 경과한 후 감정이 가라앉으면 다시 대화를 시작할 수 있다. 당사자 분리는 상황에 따라 몇 분 또는 몇 시간의 짧은 시간이 될 수도 있고 몇 일 또는 몇 주일의 꽤 긴 시간이 될 수도 있다. 이렇게 대화가 중단된 시기에 새로운 정보를 수집하거나 입장을 완화하는 등 검토하는 시간으로 활용할 수 있다.

3) 공동 긴장 완화

한편 Osgood(1962)은 갈등완화전략으로 GRIT(Graduated and Reciprocated Initiatives in Tension Reduction, 긴장완화의 누진적 보답방법)을 제안하였다. 긴장 완화 행동은 다음을 포함하고 있다.[114]
　-양보를 명확하게 알려준다.
　-양보는 긴장을 완화하는 전략적 정책의 일부임을 알려준다.
　-상대방이 어떤 특별한 방법으로 보답할 것을 기대한다고 말한다.
　-양보는 정해진 일정에 실시될 것이라고 말한다.
　-상대방이 보답할지 알지 못해도 양보를 시행하기로 약속한다고 말한다.
　이 때 양보는 명백하고 입증이 가능해야 한다. 이를 공표하는 것이 좋다. 상대방이 반응을 하지 않으면 계속 행동하며 상대방을 유인할 리스크가 약한 양보를 반복한다. 상대방이 반응하면 첫 양보보다 좀 더 리스크한 행동을 취한다. 이 GRIT는 관계를 변화시키고자 하는 노력이다. 즉, 상대방을 징벌하는 적대적이고 불신의 관계에서 상대방에게 신뢰 제스처를 보여 협력적 제스처를 유도함으로써 개방적이고 신뢰의 관계로 변화시키는 것이다.

3. 상대방이 공격적일 때

상대방이 감정적이고 공격적일 때 효과적인 듣기가 되지 않는다. 갈등이 심화되면 듣지 않게 되어 서로 입장의 공통성이 있을 수 있다는 것을 깨닫지 못한다. 상대가 공격적일 때 소통을 증진하는 두 가지의 방법으로 역지사지와 이미징 기법을 소개한다.

1) 역지사지

소통을 증진하는 첫 번째 방법은 역지사지이다. 역지사지(易地思之, role reversal)는 다른 사람의 관점에서 사물을 바라보는 방법이다. 예를 들어 경영자는 근로자의 입장에서 생각하고, 판매원은 소비자 입장에서 생각하고 구매기업은 판매기업 입장에서 생각하는 것이다. 상대방이 무엇을 생각하고 느끼는지 정확하게 알 수는 없지만 상대방의 관점과 느낌에 대한 유익하고 놀라운 직관력을 가지게 된다.115)

만약 역지사지 기법으로 이전의 자신의 관점이 잘못되었다는 것을 알고 상대방 입장을 정확하게 이해하는 계기가 된다면 당사자들이 통합적 관점을 가지도록 촉진하는 계기가 된다. 협상에서 역지사지의 목적은 각자 입장들 사이에 공통성과 중첩 영역을 찾게 하는 것이다. 만약 유사점이나 공통점을 발견하지 못한다 하더라도 역지사지는 실제 입장의 차이를 완화시키는 기여를 할 수 있다.

2) 이미징 기법

소통을 증진하는 두 번째 방법은 이미징 기법이다. 이미징(imaging)은 역지사지와 유사한 방법이지만 구체적이고 실천적인 차이점이 있다. 이미징 기법은 협상하는 당사자들이 다음의 4가지 방법을 차례로 묘사해보도록 하는 것이다.[116]

① 나는 내 스스로를 어떻게 보는지 묘사해보라.
② 나는 상대방을 어떻게 보는지 묘사해보라.
③ 상대방은 나를 어떻게 묘사할지 말해보라.
④ 상대방은 자기 스스로를 어떻게 볼지 말해보라.

당사자들은 이런 정보를 서로 교환하면서 다음과 같은 유익한 효과를 얻게 된다.

- 놀랍게도 양측의 묘사가 너무나 차이가 난다는 것을 알게 될 것이다.
- 서로 말하고 들은 것을 명확히 하고 구체화하면서 활발한 토론이 이어진다.
- 점차 당사자들은 명백한 차이점과 갈등영역이 실제가 아니라는 것을 알게 되고 실제가 무엇인지를 더 잘 이해하게 된다.
- 서로 오해와 편견을 명확하게 하고 수정할 수 있으며 서로 상대방의 진정한 욕구를 더 잘 이해하게 될 것이다.
- 이 과정은 서로 방어적으로 되지 않고 상대방의 말을 듣게 한다.
이미징 기법의 4가지 묘사를 다 사용하지 않고 일부라도 사용하면 효과가 있다. 특히 ②번과 ③번은 유익하게 활용할 수 있는 방법이다.

4. 상대방이 자기 입장에 고착되어 있을 때

갈등이 고조되면 쟁점에 대한 엄격한 입장에 매몰되어 협상이 계속되어도 원래의 입장에 고착되

어 움직이지 않게 된다. 한 협상가의 입장이나 정책에 상대방이 따르지 않으면 그 협상가는 요구를 더 강하게 하고 위협하기까지 하는 경향이 있다. 여기서 먼저 Fisher와 Shapiro가 제안하는 해결방안을 검토해보자.

1) Fisher와 Shapiro의 제안

<표 9-1>에서 보는 바와 같이 요구를 해서 받아들여지지 않으면 위협을 가하는 것과 제안을 하는 것의 차이점을 누가, 무엇을, 언제, 왜라는 질문의 형태로 보여주고 있다.

<표 9-1> Fisher의 협상에서 요구, 위협, 제안 체계

	요구 (원하는 결정)	위협 (결정이 안 될 때 결과)	제안 (결정이 될 때 결과)
누가?	누가 결정을 하는가?	결정이 안 되면 누가 피해를 보는가?	결정이 되면 누가 혜택을 받는가?
무엇을?	어떤 결정을 할 것인가?	결정이 안 되면 어떤 위기가 예상되는가?	결정이 되면 어떤 혜택이 예상되는가?
언제?	언제까지 결정을 해야 하나?	결정이 안 되면 언제 결과를 알게 되는가?	결정이 되면 언제 그 혜택을 보는가?
왜?	왜 이 결정은 정당하고 합법적인가?	결정이 안 되면 그 결과가 왜 공정하고 합법적인가?	결정이 되면 그 결과가 왜 공정하고 합법적인가?

출처: Fisher (1969) 원 출처와 Lewicki, Litterer, Minton and Saunders (1994) 인용에서 발췌하여 재구성하였다.

위협은 결정이 되지 않으면 어떤 결과가 나타나는지를 보여주고 있다. 즉, 위협은 결정이 안 되면 누가 피해를 보는지, 어떤 위기가 예상되는지, 언제 결과를 알게 되는지, 왜 그 결과가 공정하고 합법적인지를 내포하고 있다. 반면 제안은 결정이 될 때 어떤 결과가 나타나는지를 보여주고 있다. 즉, 제안은 결정이 되면 누가 혜택을 받는지, 어떤 혜택이 예상되는지, 언제 그 혜택을 보는지, 왜 그 결과가 공정하고 합법적인지를 내포하고 있다.

결과적으로 위협으로 결정되면 그 결과는 상대방에게 상당한 위기가 오는 것인데 반해 제안으로 결정되면 상대방도 상당한 혜택을 보게 됨을 알 수 있다.

대부분의 협상 상황에서 당사자들은 요구와 위협을 강조하는 경향이 있는데 이러한 강조는 매우 잘못되거나 자멸하게 된다. 오히려 더 좋은 방법은 우리에게 최선의 선택을 상대방이 택하도록 어떻게 할 수 있을까를 생각해보는 것이다. 그것은 우리 자신의 이해관계가 아니라 상대방의 이해관계에 초점을 맞추는 접근방법이다. 역지사지와 마찬가지로 협상가는 자신의 입장에 집중하지 않고 상대방의 욕구를 분명하게 이해하는 것에 초점을 맞추는 것이 필요하다. 상대방의 욕구를 이해하게 되면 상대방이 우리에게 오도록 노력하지 말고 우리가 그들에게 움직이도록 하는 노력을 해야 한다. 그것은 바로 요구나 위협이 아니라 제안을 하는 것이다. 그래서 Fisher는 4가지의 대안적 전략을 조언하고 있다.[117]

① 상대방에게 '예'라고 할 수 있는 제안(yesable proposal)을 하라. 이는 상대방의 욕구를 충족시키는 제안을 하는 것이다.

② 다른 결정을 찾아보라. 상대방 욕구를 충족시키기 위해 구체적인 요구를 다시 만들 수 있다. 상호 이득이 되는 옵션을 창조해 내면 양 측이 바람직한 하나의 옵션을 선택할 가능성이 높다.

③ 상대방에게 위협을 강화시키지 말고 제안을 달콤하게 하라. 부정적인 것은 줄이고 매력적인 점을 극대화하는 제안을 하는 것이다.

④ 해결방안을 평가하는 객관적 기준을 사용하라. 해결방안이 사실, 계산, 정보와 일치한다는 점을 보여줘야 하는데 이는 공정성과 합법성의

객관적 기준에 의해 해결방안들을 평가함으로써 가능하다.

한편 상대방의 입장 고착에 대한 로널드 샤피로 외(2003)의 해법은 다음과 같은 5가지를 제시하고 있다.[118]

① 무언가를 바꾸라.

교착 상태에 빠져 있을 때 무언가가 변화되어야 하는데 협상 장소를 변경하거나, 협상 당사자를 바꾸거나, 중재자를 요청하여 분위기를 반전시킬 수 있다.

② 합의할 이유를 찾아라.

이미 합의된 사항을 다시 열거하여 협상에서 상당히 진척되어 종결 상태까지 얼마나 가까이 왔는가를 보여주고 왜 협상을 하는 것이 좋은가를 상기시킴으로써 합의의 돌파구를 찾을 수 있다.

③ 창의적이 되라.

협상 중인 사안을 중단하고 처음부터 시작하여 관심사들을 다시 열거하고 브레인스토밍으로 새로운 아이디어를 만들어낼 수 있다.

④ 객관적 메커니즘을 찾아라.

외부기준이나 중재인 사용 등 양측의 편견으로부터 자유로운 하나의 표준인 객관적 메커니즘을 도입하여 개인성을 배제할 수 있다.

⑤ 필요하면 협상을 멈추어라.

최저선을 넘도록 강요하거나 상대방 제안보다 더 좋은 대안이 있거나 상대방이 거래 내용을 준수하지 않을 확신이 들 때 협상을 멈출 수 있다.

이상의 Fisher와 Shapiro의 해법을 종합해보면 결국 핵심은 상대방의 관심사를 충족시키는 제안을 하는 방법, 창의적 옵션을 개발하는 방법 및 객관적 기준으로 해결방안을 평가하는 방법으로 요약된다. 이 세 가지의 방법을 차례대로 살펴보도록 하자.

2) 상대방 관심사를 충족시키는 제안 방법

협상당사자들이 서로 입장에 교착되어 있을 때 차원을 달리하여 서로의 관심사, 즉 이해관계에 눈을 돌리면 해결점을 찾을 수 있다. 현재의 입장은 내가 원하는 어떤 지점이다. 상대방 욕구를 충족시킬 수 있는 제안을 함으로써 상대방이 "yes"할 수 있도록 해야 한다. Fisher는 이것을 '예'라고 할 수 있는 제안(yesable proposal)이라 지칭한다. 협상가는 자신의 목표와 욕구만 고려하지 말고 상대방이 원하고 합의하고 싶어 하는 것을 제안해야 한다.

3) 창의적 옵션을 개발하는 방법

양측이 서로 입장만 계속 고수하면 협상은 교착상태에 빠진다. 이 때 협상 중인 사안을 제쳐두고 다시 시작하는 길을 모색할 필요가 있다. 새로운 아이디어를 얻는 방법으로서 브레인스토밍을 활용할 수 있다. 그러나 낡은 가구를 치우고 새로운 아이디어가 들어갈 수 있는 공간을 만들어야한다. 이를 위해 샤피로 외(2003)는 4가지 방법을 제시하고 있다.[119]

① 처음부터 다시 시작하라. 지금까지 논의를 다 잊고 긴장감을 풀고 새로운 자세로 시작하면 교착 상태를 풀 수도 있다.

② 기밀을 지켜라. 협상 자리에 없는 제3자를 너무 의식하지 말고 협상 과정에서 논의된 모든 정보는 비밀로 보장되어야 한다.

③ 관심사들을 다시 열거하라. 정말 원하는 것이 무엇인지를 확인하고 관심사에 집중하면 대처할 수 있는 새로운 해결책을 마련할 수 있다.

④ 멈추지 말라. 서로 관심사들을 열거해서 창의적 문제해결로 들어오면 새로운 접근방법을 제안하며 계속 진행하여 교착상태를 타개해야 한다.

4) 객관적 기준으로 해결방안을 평가하는 방법

해결방안이 견고하기 위해서는 합의하기 이전에 객관적 기준으로 평가해보는 검정 절차를 거치는 것이 필요하다. 해결방안이 사실, 계산, 정보와 일치한다는 점을 보여줘야 하는데 이는 공정성과 합법성의 객관적 기준에 의해 해결방안들을 평가함으로써 가능하다. 이렇게 함으로써 그 해결방안은 양측의 편견으로부터 자유로운 공정성과 합법성을 담보할 수 있다. 전형적으로 사용되는 객관적 기준으로는 상호이익, 지역이나 산업관행, 비용효과성, 간편성, 합법성, 공정성, 수용성, 실천가능성, 예산가용 등이 있다.

5. 상대방의 힘이 더 쎌 때

다른 조건이 같을 때 힘이 쎈 협상가가 승리할 가능성이 높다. 힘의 불균형이 있으면 개인적 욕구의 충족과 협력적 과정에 명백한 위험이 존재할 수 있다. 이럴 경우 4가지의 대안을 구사할 필요가 있다.

1) 스스로 보호하라.

협상은 이해관계를 충족시키는 방법이고 과도한 양보는 장기적으로 이

롭지 못하다. 최저점을 아는 것은 최소의 수용수준을 제공해 준다. 그러나 지나친 최저점 집착은 창의성과 유연성을 빼앗아 갈 것이다.

2) 자신의 BATNA를 개발하라.

협상 없이 할 수 있는 최선의 대안 또는 다른 거래인 BATNA를 개발하는 방법이다. BATNA의 개념을 모르고 협상하는 협상가는 현재의 협상에만 국한하기 때문에 힘을 덜 가지게 된다.

3) 지뢰선 경보시스템(trip wire alert system)을 구축하라.

결렬점이나 BATNA에 가까운 안전지대에 들어갈 때 조기 경보신호를 주는 방법이다. 협상이 그런 위험지역으로 들어간다면 우호적 협상가나 공동협상가를 지명하여 위험상황에 대한 경보를 알려주도록 할 수도 있다.

4) 협상 파워의 불균형을 교정하라.

협상 파워의 불균형을 교정시키는 방법으로 약자가 힘을 가지는 방법, 강자가 힘을 빼는 방법, 제3자 조정가가 힘의 이전이나 균형을 관리하는 방법 등 3가지가 있다. 중간적 방법으로 강자가 약자에게 힘을 나누어주는 경우가 있는데 그 이유는 협력적 과정을 촉진하거나 미래에 상대방의 보복을 예방하려는 것이다.

6. 상대방이 비열한 수법을 취할 때

비열한 수법이란 상대방이 최대의 이익이 나지 않는 어떤 것을 하도록 압박을 가하는 분배적 전술을 말한다. 먼저 비열한 수법으로 어떤 것이 있는지 알아보자.[120)]

1) 비열한 수법의 종류

① 좋은 놈 나쁜 놈(Good Guy-Bad Guy) 전술

첫 번째 협상가(나쁜 놈)는 위협적이고 불쾌하고 비타협적으로 까다로운 초기입장을 제시한다. 첫 번째 협상가가 자리를 비운 사이에 두 번째 협상가(좋은 놈)가 재빠른 협상을 하도록 노력한다. 그래서 협상이 안 좋은 방향으로 진행되면 나쁜 놈이 등장하고 협상이 잘 진행되면 좋은 놈이 등장한다.

② 하이볼 로볼(Highball-Lowball) 전술

이 전술은 협상가가 터무니없이 높은(낮은) 초기제안으로 시작하는 것을 말한다. 그러한 제안은 상대방으로 하여금 자신의 초기제안을 재평가하고 최대양보선까지 물러서도록 하는 목적으로 시행된다.

③ 보기(Bogey) 전술

이 전술은 협상가가 별로 중요하지 않은 쟁점이 마치 아주 중요한 거 같이 가장하는 것을 말한다. 나중에 이 쟁점은 협상가에게 진짜 중요한 쟁점을 위해 양보용으로 교환되는 용도로 사용된다. 특히 상대방에게는 매우 중요하나 자신에게는 별로 중요하지 않는 쟁점을 식별하게 되면 매우 효과적일 수 있다.

④ 갉아먹기(니블, the Nibble) 전술

이 전술은 논의되지 않았던 쟁점에 대해 작은 양보를 요구하는 것이다. 오랜 협상시간 끝에 나오는 니블 전술은 협상을 뒤집기에는 사소한 것이지만 상대방을 화나게 하는 전술이다. 니블 전술을 당한 협상가는 그 전술이 성실하지 못했고 기분이 나빠졌기 때문에 보복을 하려고 마음먹을 수도 있다.

⑤ 치킨(Chicken) 전술

제임스 딘의 영화 "이유 없는 반항"에서 명칭이 생겨났는데 정면 승부를 피하는 사람을 치킨이라고 부르고 다른 상대방은 영웅으로 취급된다. 이 전술을 사용하는 협상가는 큰 절벽을 위협적 행동으로 결합하여 상대방을 굴복시키고 원하는 것을 주는 것이다. 이 전술은 매우 위험한 게임을 하는 협상이 되어 굴복하거나 파국으로 가는 길이 기다리고 있다.

⑥ 협박(Intimidation) 전술

이 전술은 화를 내거나 겁을 주거나 하는 여러 가지 감정 도구를 사용해서 상대방을 협박하는 것을 말한다. 상대방이 자신의 입장이 심각하다는 것을 나타내기 위해 교묘하게 화를 낼 수도 있다. 이 전술의 다른 유형은 정당성이 있는 듯한 행동으로 속여서 상대를 쉽게 받아들이도록 유인하는 것이다. 이 전술의 또 다른 유형은 상대방이 정직하지 못하고 신뢰를 잃었다고 문제를 삼는 것이다. 이 경우 상대방은 쟁점에 대해 토론하지 못하고 죄의식이나 불신의 문제를 다루며 방어적으로 된다.

2) 비열한 수법의 대응 방법

이러한 비열한 전술을 상대방이 사용할 경우에 전문 협상가라면 다음의 적절한 대응 전략을 구사할 수 있어야 한다.[121]

① 비열한 전술을 무시하라.

비열한 전술을 무시하는 것이 약한 반응일 수도 있으나 그 전술을 다루는 매우 강한 방법이 될 수 있다. 듣지 않는 척하거나 주제를 바꾸거나 휴식을 취하거나 등으로 위협에 대한 무반응은 종종 가장 최선의 방법이 되기도 한다.

② 비열한 전술을 공개하라.

협상과정을 계속하기 전에 협상과정을 협상하는 방법이 효과적이다. 공격하지 않고 생산적인 방법으로 협상하기를 제안할 수 있다.

③ 같은 수법으로 대응하라.

이 방법은 상대방이 사용하는 동일한 수법을 사용하여 대응하는 것이다. 혼돈과 거친 느낌이 들긴 하지만 절대로 사용해서는 안 되는 방법은 아니다. 상황이 다 종료되었을 때 비열한 전술에 숙달되고 다른 방법을 사용해야 하겠다는 생각을 하게 한다.

④ 상대방을 끌어들여라.

이 방법은 상대방이 비열한 전술을 사용하기 전에 친구가 되도록 노력하는 것이다. 이는 적보다 친구가 되기가 훨씬 어렵다는 이론에 근거하고 있다. 상대방과 공통점이 있다거나 비난할 다른 요소를 발견한다면 상대방이 시작하기도 전에 그런 수법을 피할 수 있다.

7. 공통점 없다고 인식할 때

갈등이 고조되면 차이점은 확대하고 유사점은 축소하려는 경향이 있다. 말하자면 당사자들은 서로 차이가 많고 공통점은 별로 없다고 생각한다는 점이다. 이를 극복하는 네 가지 방법을 제안해본다.[122]

1) 공동 목표 수립

공동 목표(superordinate goals란 당사자들이 바랄 것, 그것을 달성하기 위해서 양 측이 서로 협력해야 하는 것을 말한다. 예를 들어 기업에서 서로 다른 목적의 다른 직무를 하는 구성원들이 고객에게 제품을 제공하는 공동 목표가 있다. 또 두 기업이 신 제품의 디자인 문제를 해결하는 데 갈등하고 있는데 그 프로젝트 기금을 제공할 벤처투자가에게 제출하기 위해 문제를 풀어야 할 공동 목표가 있다. 이를 알아내면 해결점을 찾을 가능성이 높다. 공동 목표를 설정할 때 우연한 목표나 제3자가 만든 목표가 어느 당사자가 계획한 목표보다 더 나은 목표가 될 수 있다.

2) 공동의 적

공동의 적(common enemies)은 공동 목표의 부정적인 형태이다. 공동의 적을 대처하기 위해 공동의 노력을 기울이게 된다. 예를 들어 정치지도자는 국민을 단결시키기 위해 외부의 적을 각성시키거나 전쟁을 일으키기도 한다. 또한 노동조합과 경영자는 강제중재, 외국 경쟁, 분쟁에서 정부개입에 의해 위협을 받는다면 더 협력하게 되는 것이 공동의 적을 맞이한 대처 방안이다.

3) 규칙과 절차 합의

갈등의 증폭이 원래 범위를 넘어서면 상대를 제압하기 위해 모든 전술을 사용할 수도 있다. 그래서 이러한 극단적인 상황에 이르지 않도록 당사자들이 갈등관리 기본규칙에 합의하는 것이 바람직하다.
- 회의 장소 결정
- 포함하거나 제외할 아젠다 설정
- 회의 참석자 결정
- 전체회의와 개별회의의 시간 제한
- 절차 규칙 설정(연설자, 연설시간, 쟁점토론, 사실소개, 회의기록, 합의확정, 지원서비스 등)

이상의 규칙과 절차가 잘 되어 가는지 중간 체크시간을 가지기를 합의할 수도 있다.

4) 통합적 구조

공동 목표, 공동 적, 규칙 절차는 갈등 밖의 요소들이고 갈등 내에서 장기 협력을 위한 토대가 필요하다. 당사자들의 불일치보다 당사자들이 공통으로 가지고 있는 목적, 철학, 관점 등 유사성에 집중하면 효과적이다. 현재 또는 과거에 공동 성취한 것을 검토하고 이를 재활용하면 협력의 토대를 마련할 수 있다.

통합적 구조(integrative frameworks)는 초기의 입장이 잘 공존할 수 있는 공동의 관점을 창조해내기 위해 쟁점을 재 정의하는 방법을 말한다. 통합적 구조를 창조하는 세 가지 방법은 다음과 같다.[123]

① 문제의 차원화: 문제를 양극화시키지 않고 연속선상의 정도로 취급한다. 예를 들어 도서관 창문을 열자 vs 닫자가 아니라 얼마나 열 것인가로 문제를 재 정의한다.

② 문제 차원의 수를 확대: 입장 차이를 다른 차원에서 원원하는 방법을 모색한다. 예를 들어 이 방에서 창문은 닫아두고 옆방의 창문은 열자.

③ 이상형 수립: 양 측 욕구를 충족시키는 이상적 해결방안을 모색한다. 예를 들어 신선한 공기 vs 통풍 방지 욕구를 모두 충족하는 방안을 찾아본다.

8. 상대방이 다루기 까다로운 사람일 때

아주 까다로운(difficult) 행동을 하는 문제 협상가를 만날 수 있다. 첫째 유형은 협상을 어떻게 하는지 전혀 모르지만 자신의 행동을 바꾸라는 제안에는 반응을 할 수도 있는 협상가이고, 둘째 유형은 행동이 협상 내에서나 밖에서나 일관성이 있는 까다로운 협상가이다. Ury(1991)은 이러한 까다로운 협상가를 다루는 난국대처 접근방법(Breakthrough approach)을 제안하고 있다.[124]

–자신의 정신적 균형 얻고 자신의 행동을 통제하고 상대방도 같은 균형과 통제를 달성하도록 도움으로써

-분배적 협상에서 통합적 협상으로 변화시킴으로써

-공동으로 상호만족 합의를 만들어 상대방의 회의를 극복함으로써

-자신의 협상 파워를 확고하고 공평하게 사용하여 마무리함으로써

-호의적인 협상환경을 창조한다.

Ury는 직접 대응하지 않는 반직관적 행동 원칙(the principle of acting counterintuitively)에 따라 난국대처 접근방법을 사용할 수 있다고 한다. 그래서 난국대처 접근방법은 상대방 저항을 우회하고 상대방이 당신의 방법을 따르도록 하는 기법을 말한다.125)

Ury는 이러한 난국대처 접근방법으로서 까다로운 협상가를 다루는 5가지 단계를 제안하고 있다.126)

1단계: 반응하지 말라-발코니로 나가라.

똑 같은 행동으로 되갚아 주는 것은 통합적 방향으로 나아가지 못하기 때문에 파괴적 효과를 피하기 위해 반응하지 않아야 한다. 이 전략의 장점은 다음과 같다.

-분쟁과 자신의 감정으로부터 거리를 두게 한다.

-최종 반응이 좀 더 합리적이 되도록 자신을 냉각시키는 숨쉬기 공간을 만들어 준다.

-상황을 관찰하고 왜 자신이 그곳에 있는지, 원래의 목적을 상기시켜 주는 기회를 제공한다.

2단계: 상대방을 진정시켜라-상대에게 다가가라.

긍정적이고 건설적인 소통으로 상대방의 부정성을 비키고 상대방을 진정시켜야 한다. 상대의 합법적 포인트, 욕구, 관심을 청취하고 인식하기 위해 협상테이블을 우회한다. 이 무장해제 전략은 다음의 방법을 포함한다.

-적극적 듣기를 활용한다.

-자신의 진실이나 정확성을 양보하지 않으면서 상대방 포인트를 인정한다.

-후속 합의의 토대를 제공할 이해의 관점을 인정한다.

-상대의 권위, 민감, 역량의 존중 표시로서 상대방을 개인적으로 인정한다.

-자신의 관점을 분명하고 친절하게 표현한다.

3단계: 게임을 바꾸라-반응하지 말고 재구성하라.

상대방이 입장고착의 장애가 있다면 상대방의 전술을 재구성하여 게임을 바꾸어야 한다. 재구성 전략의 행동은 다음과 같다.

-개방형, 문제해결형 질문을 한다.

-전술을 재구성한다. 예를 들어 상대방이 공격해 온다면 공격을 무시하고 자신이 아니라 문제에 대한 공격으로 돌리고, 공통의 목표와 이해관계를 보여주는 비대결적 용어로 고쳐준다.

-게임의 규칙을 직접적이고 공개적으로 협상한다.

4단계: 예스를 쉽게 말하도록 하라-황금다리를 만들어주라.

이 단계는 설득의 단계이다. 자신의 제안에 예스를 말하기 쉽도록 만드는 것이다. 상대가 합의로 건너 올 수 있게 황금다리를 구축하는 전략은 다음과 같다.

-모든 당사자의 이해관계와 반감을 언급하는 합의를 만드는데 당사자들을 참여하도록 한다.

-합의의 기본구조를 손상하지 않고 충족되지 않은 욕구를 충족시킨다.

-당면한 개인과 조직의 요구 범위를 인정하고 공감한다.

-상대방에게 합의의 정당성을 제공하여 체면을 세우고 구성원들을 관리하도록 한다.

-복잡한 합의를 단계별로 진행하고 상대가 준비될 때까지 종결을 서두르지 않는다.

5단계: 노라고 말하기 어렵게 하라-무릎을 꿇리지 말고 센스에 호소하라.
　-자신의 BATNA를 강화시키고 상대방이 자신의 BATNA가 무엇인지 알게 한다.
　-합의가 이루어지지 않으면 그 결과를 생각해 보게 한다.
　-필요하면 자신의 BATNA를 이용하여 자신에게 불리하게 보이는 점에 대한 상대의 기대를 없앤다.
　-다리를 건너게 했던 매력적 조건을 되돌아보고 거래를 완성시킬 이점에 집중하도록 한다.
　-실행을 고려하면서 항구적 합의를 고안한다.

<표 9-2>에서 까다로운 협상가를 관리하는 전략을 정리하였다. 각 단계별 전략의 방법과 의미를 살펴보면 다음과 같이 정리할 수 있다.

<표 9-2> 까다로운 협상가를 관리하는 전략

단계	협력의 장애	장애극복방안	전략
1단계	상대방의 경쟁적 행동	반응하지 말기	발코니로 나가라
2단계	상대방의 부정적 정서와 공격적 행동	상대방을 진정시키기	상대방에게 다가가라
3단계	상대방이 입장을 고수하는 행동	게임을 바꾸기	거절하지 말고 전략을 재구성하라
4단계	상대방의 합의혜택에 대한 부정적 시각	상대방이 '예스'하도록 하기	상대방에게 상호이익의 황금다리를 만들어주라
5단계	상대방의 인지된 파워	상대방이 '노'라고 말하지 못하게 하기	상대방을 무릎 꿇리지 말고 센스에 호소하라

출처: Ury (1991) 원 출처와 Lewicki, Litterer, Minton and Saunders (1994) 요약 버전에서 발췌하여 재구성함

Competency 9. 난국대처역량

상대방의 파괴적 행동은 이해관계의 게임으로 바꾸어라!

상대방이 화나 있거나 좌절해 있을 때 대처하기
  ◇ 감정을 표출하여 카타르시스가 되게 하라.
  ◇ 상대의 감정을 인정하고 적극적으로 들어주라.
  ◇ 서로 분리해 있거나 연기하여 긴장을 완화시켜라.
  ◇ 일방적 양보를 제안하여 신뢰관계로 변화시켜라.

상대방이 감정적이고 공격적일 때 대처하기
  ◇ 역지사지(role reversal)를 활용하라.
  ◇ 이미징(imaging) 기법을 활용하라.

상대방이 자기 입장에 고착되어 있을 때 대처하기
  ◇ 상대방의 이해관계에 초점을 맞추어 제안하라.
  ◇ 이해관계를 충족하는 창의적 옵션을 개발하라.
  ◇ 상대방에게 위협을 강화시키지 말고 제안을 달콤하게 하라.
  ◇ 해결방안을 평가하는 객관적 기준을 사용하라.

상대방의 힘이 더 쎌 때 대처하기
  ◇ 스스로 보호하라.
  ◇ 자신의 BATNA를 개발하라.
  ◇ 지뢰선 경보시스템을 구축하라.
  ◇ 협상파워의 불균형을 교정하라.

상대방이 비열한 수법을 취할 때 대처하기

   ◇ 비열한 전술을 무시하라.

   ◇ 비열한 전술을 공개하라.

   ◇ 같은 수법으로 대응하라.

   ◇ 상대방을 친구로 끌어들여라.

상대방이 공통점 없다고 인식할 때 대처하기

   ◇ 공동 목표를 수립하라.

   ◇ 공동의 적을 설정하라.

   ◇ 회의 규칙과 절차에 합의하라.

   ◇ 쟁점을 재 정의하는 통합적 구조를 창조하라.

상대방이 다루기 까다로운 사람일 때 대처하기

   ◇ 발코니로 나가라.

   ◇ 상대방에게 다가가라.

   ◇ 거절하지 말고 전략을 재구성하라.

   ◇ 상대방에게 상호이익의 황금다리를 만들어주라.

   ◇ 상대방을 무릎 꿇리지 말고 센스에 호소하라.

협상명언 9

어려운 상대방에게는 스스로 보호하고
상호이익을 도모함이 최선이다!

제4부 성공역량 개발

성공하는 협상의 10가지 법칙

제10장 성공법칙역량:

협상의 10가지 성공법칙은 무엇인가?

9가지 역량으로 성공하는 협상을 실행하기 위한 필요한 준비는 다 된 거 같다. 이제 협상가로서 실전에 나가 협상을 하면서 꼭 기억해야 할 법칙들을 마스터한다면 매우 든든할 것이다. 협상에서 성공의 법칙은 학자들이나 전문가들에 따라 달라질 수 있다. 예를 들어 김병윤(2011)은 준비와 커뮤니케이션 등 5가지 법칙을 소개하고 있다.[127] 여기서는 협상학의 대가인 Lewicki의 논문에서 제시한 10가지의 성공법칙을 중심으로 소개하려고 한다.[128]

[협상의 10가지 성공법칙]
1) 협상준비를 철저히 하라
2) 협상 기본구조를 진단하라
3) BATNA를 식별하고 작업하라
4) 기꺼이 손을 떼라
5) 협상의 핵심 패러독스를 마스터하라
6) 무형요소를 기억하라
7) 연합을 적극적으로 관리하라
8) 자신의 명성을 보호하라
9) 합리성과 공정성이 관련되어 있음을 기억하라
10) 경험으로부터 지속적으로 학습하라

이 10가지 성공법칙은 권위 있는 전문가의 제안이지만 절대적인 것이 아니기 때문에 다른 전문가들의 성공법칙도 비교를 위해 마지막 부분에서 소개하겠다.

1. 협상준비를 철저히 하라

제6장 준비역량에서 협상준비를 자세하게 기술한 것을 간단히 요약해서 기억하는 것이 효과적이다.[129] 성공하는 협상을 어떻게 준비할 것인지 요약하면 경쟁적 협상과 협력적 협상의 핵심요소를 파악하고 유연하게 대비해야 한다. 자신이 성공하는 협상이 경쟁적이냐 협력적이냐에 따라 그에 맞는 협상을 준비하면 되지만 상대방이 어떤 전략으로 나올 것인가에 따라 바꾸어야 할 수도 있으므로 두 가지 협상전략을 모두 준비해야 할 것이다.

경쟁적 협상을 준비하기 위해서 충분히 높은 현실적 목표를 설정하고 양보해야 할 최저선을 결정하고 초기 입장을 준비해 두어야 한다. 뿐만 아니라 상대방의 목표, 최저선, 초기 입장이 어떻게 될 것인지 평가해보아야 한다. 자신과 상대방의 강점과 약점이 무엇인지 파악하고 어떤 정보를 공개하고 안할지, 상대방의 어떤 정보를 끌어낼지도 생각해두어야 한다. 합의점에 도달하기 위해 어떤 전략으로 양보패턴을 가져갈지 상대로부터 어떻게 양보를 얻을지, 이를 위해 어떤 기법을 사용할지도 준비해둘 필요가 있다.

한편 협력적 협상을 준비하는 데에 있어서 자신과 상대방의 욕구를 식별하는 것이 협상성공의 중요 요소이다. 협상가가 자신의 욕구를 식별하고 상대방의 욕구를 이해하기 위한 견고한 사전 준비는 협상 성공의 가능성을 높이는데 중요한 스텝이다. 그리고 자신과 상대방의 목표가 무엇이고 쟁점 및 입장이 무엇인지 당연히 파악해야 한다. 협력적 협상에서 상호관계가 매우 중요하다. 상호 신뢰하는지 관계를 어떻게 유지해야 할지를 평가해서 그에 맞추어 협상해 나가야 한다. 서로 협력적 협상을 발전시켜 나가게 된다면 옵션 개발과 평가기준 설정을 염두에 두어야 하고 최선의 옵션이 자신과 상대방의 BATNA보다 나은지를 평가하기 위해 각자의 BATNA를 미리 파악해야 한다.

마지막 준비는 유연성이다. 경쟁적 협상과 협력적 협상의 요소를 준비는 하되 상대방 전략과 상황변화에 따른 유연한 대처를 준비해 두어야 한다. 상대가 경쟁적 협상을 할 것으로 생각했는데 협력적 협상에 동의한다거나 협력적 협상으로 할 수 있을 것으로 생각했는데 어쩔 수 없이 경쟁적 협상으로 해야 할 상황이 발생할 수 있다. 더 능숙한 협상가는 주짓수 협상을 사용하여 협력적 협상으로 끌어들일 수도 있다. 때에 따라서는 경쟁적 협상과 협력적 협상을 혼합해서 하는 방법도 염두에 두어야 할 것이다.

2. 협상의 기본전략 구조를 진단하라

경쟁적 협상, 협력적 협상 또는 혼합형에 직면해 있는지 결정하고 그 전략과 전술을 선택해야 한다. 잘못된 전략, 전술은 차선의 결과에 이르게 된다. 협력적 상황에서 경쟁적 전술은 협력적 가능성을 이루지 못하고 경쟁적 상황에서 협력적 전술도 차선의 결과로 이어진다.

협상이 경쟁적 요소와 협력적 요소가 혼합되어 있을 때 경쟁적 국면과 협력적 국면이 있다. 특히 경쟁적 국면과 협력적 국면이 전환할 때 잘못

대처하면 난국으로 이를 수 있다. 양보, 회피, 타협이 적절한 때가 있는데 이러한 상황을 식별하고 적절한 전략과 전술을 구사해야 한다.

3. BATNA를 식별하고 작업하라

자신의 BATNA가 무엇인지 알아야 하고 딜을 개선하기 위해 BATNA를 개선해야 한다. 강한 BATNA가 없으면 좋은 합의를 달성하기 어렵다. 왜냐하면 상대방이 공격적으로 밀어붙이고 불만족스러운 해결방안을 수용할 수밖에 없게 되기 때문이다.

상대방의 BATNA를 식별하고 자신의 제안과 비교해보아야 한다. 자신이 제시하는 합의안이 상대방의 BATNA로 얻는 것보다 양호할 때 협상의 힘을 얻는다. 상대방의 BATNA에 대해 협상가가 해야 할 세 가지의 일이 있다.

① 상대방의 BATNA보다 경쟁우위를 얻기 위해 상대방 BATNA를 모니터하라.

② 자신의 제안이 상대방 BATNA보다 유리하다는 점을 상대방에게 상기시켜라.

③ 상대방 BATNA가 생각만큼 강하지 못하다는 것을 제시하라. 이것은 당신의 강점을 강조하는 긍정적 방법과 상대방의 약점을 강조하는 부정적 방법을 활용함으로써 가능하다.

4. 기꺼이 손을 떼라

결렬이 나쁜 협상보다 낮거나 과정이 공격적이라 거래가 작업할 가치가 없을 때 기꺼이 협상으로부터 손을 떼야 한다. 실제로는 많은 협상가들이 합의 자체에 초점을 맞추어 좋은 성과에 이르는 실질 목표의 시야를 잃곤 한다. 협상가는 준비단계의 목표와 계속 비교하고 협상기간 중 진전된 것을 결렬점(walkaway point)이나 BATNA와 비교함으로써 목표로부터 눈을 떼서는 아니 된다. 초기단계에 너무 낙관적 목표를 세웠다면 협상하면서 목표를 재평가하고 재설정할 필요가 있다. 그래서 현재의 협상 진전을 목표, 결렬점, BATNA와 계속해서 비교하고 결렬점이나 BATNA가 더 나은 선택이라면 현재의 협상에서 손을 떼야 한다.

좋은 BATNA가 없을 경우에도 언제 협상을 중단해야 할지 명백한 결렬점을 마음속에 두어야 한다. 협상가가 어려운 협상 시기에 상기할 수 있도록 결렬점을 기록하거나 상대방에게 말을 해두는 것이 도움이 될 수도 있다. 단체협상의 경우 협상팀이 결렬점을 모니터하게 하고 최종 해결점이 그 수준에 가까이 오면 협상을 중지하는데 책임을 지도록 하는 것이 중요하다.

5. 협상의 핵심 패러독스를 마스터하라

우수한 협상가라면 얼핏 보면 상충되는 요소들이 실제로 동시에 발생하는 이상한 패러독스(paradox, 역설)가 협상에는 있다는 것을 이해해야 한다. 이러한 패러독스를 다루는 방법은 이 상황에서 균형을 잡는 것이다. 패러독스에서 두 가지 대안 사이에 선택해야 하는 자연스러운 긴장이 있지만 패러독스를 관리할 최선은 양 극단 간의 균형을 달성하는 것이다. 이러한 긴장을 잘 관리하는 협상가가 강한 협상가이다.

1) 가치 요구 vs 가치 창조

가치요구 단계에선 경쟁적 스킬이 요구되고 가치창조 단계에선 협력적 스킬이 유용한데, 두 단계 간 전환의 균형이 필요하다. 보통 가치창조 단계가 가치요구 단계에 선행해서 발생하는데 이 두 단계의 가치창조로부터 가치요구로 전환하는 명백한 이정표가 있는 것은 아니다. 이러한 상황이라면 두 단계 모두 중요하므로 균형을 잘 이루어야 한다. 효과적인 전환의 한 방법을 소개하면 다음과 같이 제안하는 것이다.

"우리가 아이디어와 대안으로 좋은 토대를 만든 거 같습니다. 기대되는 성과를 어떻게 공정하게 분배할지 의논해보기로 할까요?"

2) 원칙의 고수 vs 유동성의 탄력

재정적 문제의 타협과 공정성 원칙의 쟁점을 잘 구분해야 한다. 복잡한 협상은 이러한 원칙과 타협의 쟁점을 동시에 내포할 수 있다. 유능한 협상가는 원칙에 기초한 확고함을 비타협이나 적대감으로 오도하지 않도록 원칙을 상대방에게 효과적으로 잘 전달하는 것이 중요하다는 것을 알고 있다.

3) 전략의 고수 vs 새로운 옵션의 추구

새로운 정보로 새로운 기회를 추구하려는 것과 원래의 전략을 고수하려는 것의 패러독스를 관리해야 한다. 새로운 기회는 불쾌한 기습을 장착한 트로이 목마일 수도 있기 때문에 매우 어려운 패러독스이다. 한편 환경이 변화하고 정당한 절호의 기회포착이 되는 거래가 발생할 수 있다. 그러나 실제 기회와 환상의 기회를 잘 구분해야 한다. 이 구분을 인식할 능력을 개발하는 것은 유능한 협상가의 또 다른 특징이다. 처음부터 그런 능력이 있는 것은 아니며 준비를 철저히 함으로써 전략과 기회 패러독스를 잘 관리할 수 있다.

4) 정직하고 공개적인 것 vs 폐쇄적이고 불투명한 것

완전히 공개하면 상대방이 그것을 이용할 위험이 있고 지나치게 폐쇄적이면 비효율적 협상전략이 된다. 긍정적인 진전에 따라 신뢰를 구축해야 하고 더 많은 정보를 편하게 제공해야 한다. 그러나 진전된다고 최대양보선을 드러내게 해서는 아니 된다.

5) 신뢰 vs 불신

상대방이 말하는 모든 것을 믿으면 이용당할 위험이 있고 상대방이 말하는 어떤 것도 믿지 않으면 합의에 도달하기 어렵다. 협상은 시간에 따라 진화하는 과정임을 기억해야 한다. 신뢰는 정직하고 다른 사람과 정보를 교환함으로써 만들어질 수 있고 이것은 다시 상대방에 의해 신뢰와 믿을 수 있는 공개로 이어지기를 기대해볼 수 있다. 신뢰에도 개인적 차이가 있다. 어떤 협상가는 신뢰하는 행동으로 시작을 했다가 상대방을 신뢰할 수 없다는 정보를 입수하게 되면 신뢰하지 않게 된다. 또 어떤 협상가는 상대방이 자신의 신뢰를 얻도록 편안하게 하고 협상초기에는 신뢰에 회의적으로 행동하기도 한다. 이 딜레마를 관리하는데 옳고 그런 방법이 있는 건 아니다. 유능한 협상가는 이러한 딜레마를 잘 알고 끊임없이 이 문제를 어떻게 관리하고 있는지 모니터를 해나간다.

6. 무형요소를 기억하라

협상가가 협상을 하는 동안 무형요소(intangible factors)를 기억하고 잠재적 효과를 인지하는 것은 중요하다. 무형요소는 자주 부정적인 방법으로 협상에 영향을 주지만 협상가의 인식 밖에서 종종 작동하곤 한다. 무형요소는 승리, 손실회피, 상대방에게 강하게 보이기, 약하게 보이지 않기, 공정하기 등을 포함하고 있다. 예를 들어 상대방이 승진을 위해 옆 책상의 경쟁자와 경합을 벌이고 있다면 그의 상사 앞에서 강하게 보이려는 그와 협상을 한다는 것은 매우 어려울 수도 있다. 어떤 것의 단호한 변호, 또 다른 양보의 거부, 일리가 없는 행동에 적절히 설명할 수 없다면 무형적 요소가 있는지 찾아봐야 한다. 무형요소를 식별하는 방법은 다음과 같다.

- 왜 그토록 집착하는지 질문을 해 본다.
- 관찰자나 청취자를 데리고 협상장에 가서 관찰하게 한다.

7. 연합을 적극적으로 관리하라

연합은 협상의 과정과 결과에 매우 중요한 효과를 미칠 수 있다. 세 가지 유형의 연합이 있다: (1) 당신을 반대하는 연합, (2) 당신을 지지하는 연합, (3) 당신을 지지할 수도, 반대할 수도 있는 느슨한 불확실한 연합이 그것이다. 유능한 협상가는 연합의 존재와 강도를 평가하고 자신의 이익을 위해 연합의 강도를 얻기 위해 작업한다. 그런 것이 가능하지 못하면 자신의 목적을 위해 상대방이 느슨한 연합을 취하지 못하도록 작업할 필요가 있다.

협상가가 합의를 실행할 사람들에 의존할 필요가 있을 때 연합을 관리하는 것은 매우 중요하다. 그 사람들이 반대를 하는데도 합의를 강행한다면 합의를 실행하는 것이 매우 어려워진다. 유능한 협상가는 연합을 전향적으로 모니터하고 관리할 필요가 있는데 협상과정 내내 상당한 시간을 소요하겠지만 실행단계에서는 그 효과를 충분히 볼 수 있다.

8. 자신의 명성을 보호하라

긍정적 명성으로 협상을 시작하는 것은 중요하며 명성을 보호하기 위해 경계해야 한다. 자신의 말을 어기고 정직하게 협상하지 않는 협상가는 정직하다는 명성을 가진 협상가보다 미래에 협상하는데 매우 어려움을 겪는다. 명성을 일관성 있고 공정한 매너로 행동함으로써 명성을 증진시키는 것이 중요하다. 일관성과 공정성이 명성에 매우 중요한 요소이다.

9. 합리성과 공정성은 상대적임을 기억하라

협상가들은 자기중심적으로 세상을 보고 자신에게 이득이 되는 방향으로 합리적인 것과 공정한 결과를 정의한다. 협상가들이 이러한 경향의 인식을 관리할 세 가지 방법은 다음과 같다.

(1) 자신의 공정성 인식을 질문해보고 명백한 원칙에 올려놓을 수 있다.
(2) 공정한 결과를 제안하는 외부 벤치마크나 사례를 찾을 수 있다.

(3) 협상가는 상대방이 내리는 공정성의 정의를 부각시켜서 그 공정성 기준에 따라 합의에 이르는 대화를 할 수 있다.

10. 경험으로부터 지속적으로 학습하라

최고의 협상가는 경험으로부터 지속적으로 학습한다. 그들은 협상에는 많은 변수가 있어서 어떤 협상도 똑 같은 것은 없다는 것을 알고 있다. 협상가가 지속적으로 현장감을 가지기 위해서는 정기적으로 협상의 기술과 과학을 연습할 필요가 있다. 또한 최고의 협상가는 협상이 끝난 다음 분석하고 무엇이 발생했고 무엇을 배웠는지를 검토할 기회를 가진다. 지속적 학습의 3단계 과정을 추천하면 다음과 같다.

1단계: 협상 후 개인적 회고의 시간을 계획하라.

2단계: 주기적으로 훈련가나 코치로부터 교훈을 얻어라.

3단계: 강점과 약점에 대한 개인적 일기를 쓰고 약점에 대해 연구할 계획을 개발하라.

최고의 선수는 한명 이상의 코치를 스탭으로 두고 코치를 받고 스킬을 배우고 체력을 관리하고 있다. 협상가도 스킬을 증진시키기 위해 세미나에 참석하고 책을 읽고 스킬을 연마하는데 도움을 주는 코치를 두면 전문성이 매우 높아질 수 있다.

협상의 성공법칙 문헌 비교연구

앞에서 소개한 10가지의 성공 법칙('기본 문헌'이라 칭함)은 절대적인 것이 아니므로 협상의 성공 법칙을 논의한 다른 문헌도 살펴볼 필요가 있다. <표 10-1>은 5개의 문헌을 발췌, 요약한 내용을 보여주고 있다. 이 문헌 중 White와 Weedfald만 10가지 원칙을 제시하였고 나머지 세 문헌은 6~7가지 원칙을 제시하였다. White는 기본 문헌과 6가지 원칙에서 유사하여 가장 많은 유사성을 보이고 있다. Weedfald는 3가지만 유사하고 7가지는 상이한 원칙을 제시하고 있다. Stendall은 6가지 원칙만 제시하였지만 이 중 5가지는 기본 문헌과 유사한 원칙을 제안하고 있음을 볼 수 있다. 결국 성공 법칙 문헌들 비교에서 기본 문헌의 10가지 법칙 중 ①, ⑦, ⑧의 세 가지만 공통적으로 강조되고 나머지 7 가지는 각자 다른 주장으로 공통점이 없다는 것을 알 수 있다. 여러 문헌을 조사한 결과 상대방 이해, 주의 깊은 경청, 자기감정 조절은 성공법칙으로 편입해도 좋을 원칙으로 검토해볼 만하다.

<표 10-1> 협상의 성공법칙 문헌 비교

번호	International Chamber of Commerce (L. White)	Forbes (P. Weedfald)	Business Journal	Red Bear (B. Chowles)	R. Stendall
1	준비하라①	명확성 피해자⑨	목표설정①	유리한 입장	준비하라①
2	문화차이⑨	주의깊은 경청※	협상준비①	높은 목표①	전략 보유②
3	협상과정합의	철강처럼 튼튼 (결렬 준비)④	상대방이해※	정보 관리	결렬시점④
4	협상팀, 도구⑦	고통없인 소득없음	윈윈설정	파워 강도 이해⑦	태도 주의⑧
5	정직신뢰관계⑧	기회는 예고없음	상대존중※	상대 욕구※	영향력 찾기⑦
6	성실행동⑧	상상력 활용	불신상대 강한 대응⑧	계획적 양보	제안, 합의
7	자기감정조절※	가능한 간단	두 사람이 공동 작업 ⑦		
8	유연성⑤	준비하라①			
9	현실적 약속	창조,지식 통합			
10	공동이해요약	성공의 로드맵			

주: 원 숫자번호는 다음 성공법칙과 유사함을 표시하고 있다. ※는 성공법칙으로 적극 고려할 필요가 있는 원칙들이다.
①협상준비를 철저히 하라　②협상 기본구조를 진단하라
③BATNA를 식별하고 작업하라　④기꺼이 손을 떼라
⑤협상의 핵심 패러독스를 마스터하라　⑥무형요소를 기억하라
⑦연합을 적극적으로 관리하라　⑧자신의 명성을 보호하라
⑨합리성과 공정성은 상대적임을 기억하라　⑩경험으로부터 지속적으로 학습하라
출처: 비교대상 10가지 성공법칙은 Lewicki, Barry and Saunders (2015)에서 발췌했으며 나머지 문헌은 참고문헌에서 확인할 수 있다.

Competency 10. 성공법칙역량

협상의 10가지 성공법칙을 항상 기억하라!

법칙 1. 협상준비를 철저히 하라
◇ 경쟁적 협상은 목표, 최저선, 초기 입장, 정보수집을 준비하라
◇ 협력적 협상은 목표, 욕구, 상호관계, 옵션개발, BATNA를 준비하라
◇ 상황에 따라 협상전략을 바꾸거나 혼합하는 유연성을 겸비하라

법칙 2. 협상의 기본전략 구조를 진단하라
◇ 경쟁적 vs 협력적 협상전략을 구분하고 그에 맞는 전술을 준비하라
◇ 경쟁적 및 협력적 요소가 혼재되어 있을 때 국면전환을 잘 대처하라
◇ 수용, 회피, 타협이 적절한 때 그에 맞는 전략과 전술을 구사하라

법칙 3. BATNA를 식별하고 작업하라
◇ 자신의 BATNA를 파악하고 개선하는 노력을 하라
◇ 자신의 경쟁우위를 얻기 위해 상대방 BATNA를 모니터하라
◇ 자신의 제안이 상대방 BATNA보다 높다는 점을 상기시켜라
◇ 상대방 BATNA가 생각만큼 강하지 못하다는 것을 제시하라

법칙 4. 기꺼이 손을 떼라
◇ 결렬점이나 BATNA가 더 나은 선택이라면 현재 협상에서 손을 떼라
◇ 좋은 BATNA가 없을 경우에도 결렬점에서 손을 떼라
◇ 늘 기억할 수 있도록 결렬점을 기록하거나 상대방에게 말을 해두라

법칙 5. 협상의 핵심 패러독스를 마스터하라
◇ 가치창조와 가치요구 간 전환의 균형을 잘 잡아라
◇ 재정적 타협과 공정성 원칙을 구분하고 상대방에게 잘 전달하라
◇ 정보의 공개와 은폐는 신뢰, 효율성, 자기보호를 고려하여 결정하라
◇ 상대방에 대한 신뢰와 불신은 협상에 따라 변할 수 있음을 명심하라

법칙 6. 무형요소를 기억하라
 ◇ 무형요소는 부정적 방법으로 협상에 영향을 준다는 것을 기억하라
 ◇ 왜 그토록 집착하는지 질문을 해서 무형요소를 식별하라
 ◇ 관찰자를 협상장에 대동해서 무형요소를 관찰하게 해보라

법칙 7. 연합을 적극적으로 관리하라
 ◇ 연합의 존재와 강도를 정확하게 평가하라
 ◇ 자신의 연합을 강화하거나 상대방의 연합을 약화시켜라
 ◇ 연합을 전향적으로 모니터하고 관리하는데 시간을 투자하라

법칙 8. 자신의 명성을 보호하라
 ◇ 현재 정직한 협상하는 것은 미래 협상을 밝게 한다는 것을 기억하라
 ◇ 일관성 있고 공정한 매너로 행동하여 명성을 증진시켜라

법칙 9. 합리성과 공정성은 상대적임을 기억하라
 ◇ 자신의 공정성 인식을 질문해보고 명백한 원칙에 올려놓아라
 ◇ 공정한 결과를 제안하는 외부 벤치마크나 사례를 찾아라
 ◇ 상대방의 공정성 정의를 부각시켜서 그 정의에 따라 대화를 하라

법칙 10. 경험으로부터 지속적으로 학습하라
 ◇ 협상 후 개인적 회고의 시간을 계획하라
 ◇ 주기적으로 훈련가나 코치로부터 교훈을 얻어라
 ◇ 강점과 약점에 대한 일기를 쓰고 약점을 개선할 계획을 세워라

협상명언 10

**10가지 성공법칙을 마스터하면
최고의 협상가이다!**

부록

부록 1. 협상역량 자가진단

부록 2. 협상가 행동유형 자가진단

부록 1. 협상역량 자가진단

[자가진단 방법]

 아래 20개 문항은 협상역량을 진단하는 질문지로 1에서 5까지 응답 중 한 개를 선택한다. 응답은 자신의 생각과 행동이 어디에 해당하는 것인가를 5점 척도로 측정하는 것으로 ①=전혀 아님, ②=별로 아님, ③=중간, ④=약간 해당, ⑤=완전 해당을 측정하고 있다. 응답 번호의 숫자대로 점수를 부여한다.

[설문지 응답]

1. 회사나 조직에서 분쟁이 발생했을 때 소송으로 가지 않고 협상으로 해결해보려고 노력한다.
① (   ) ② (   ) ③ (   ) ④ (   ) ⑤ (   )

2. 협상은 금전적 수익을 넘어서 비즈니스 관계를 유지·발전시키는데 공헌할 것으로 믿는다.
① (   ) ② (   ) ③ (   ) ④ (   ) ⑤ (   )

3. 나는 협상의 결과와 상대방과의 관계를 충분히 고려한 협상의 목표를 정한다.
① (   ) ② (   ) ③ (   ) ④ (   ) ⑤ (   )

4. 성공하는 협상을 달성하기 위해 흥분하지 않고 공감능력을 잘 발휘한다.
① (   ) ② (   ) ③ (   ) ④ (   ) ⑤ (   )

5. 나는 상대방 관계를 잘 유지하면서 높은 성과를 내는 협력전략을 잘 구사할 수 있다.
① (   ) ② (   ) ③ (   ) ④ (   ) ⑤ (   )

6. 내가 경쟁전략을 선택한다면 나는 언제 협상을 결렬시켜야 할지를 잘 안다.
① (   ) ② (   ) ③ (   ) ④ (   ) ⑤ (   )

7. 내가 이기고 싶은 협상이면 필요한 협상력이 무엇인지 잘 안다.
① (   ) ② (   ) ③ (   ) ④ (   ) ⑤ (   )

8. 서로 원원하는 협상에서 어떤 협상자원과 적용방법이 필요한지 잘 안다.
① (   ) ② (   ) ③ (   ) ④ (   ) ⑤ (   )

9. 나는 경쟁적 협상을 한다면 어떤 절차를 거쳐 합의에 도달하는지 잘 안다.
① (   ) ② (   ) ③ (   ) ④ (   ) ⑤ (   )

10. 나는 협력적 협상을 한다면 어떤 절차를 거쳐 합의에 도달하는지 잘 안다.
① (   ) ② (   ) ③ (   ) ④ (   ) ⑤ (   )

11. 나는 어떤 협상이든 충분히 준비해서 자신감을 가지고 협상에 들어간다.
① (   ) ② (   ) ③ (   ) ④ (   ) ⑤ (   )

12. 나는 경쟁적 협상과 협력적 협상의 준비 상 차이점에 대해 잘 안다.
① (   ) ② (   ) ③ (   ) ④ (   ) ⑤ (   )

13. 상대방의 욕구와 이해관계를 알아내기 위해 어떻게 질문을 해야 하는
지 잘 안다.
① (   ) ② (   ) ③ (   ) ④ (   ) ⑤ (   )

14. 나는 상대방 협상가의 태도와 상관없이 훌륭한 듣기 스킬을 구사한
다.
① (   ) ② (   ) ③ (   ) ④ (   ) ⑤ (   )

15. 상대방의 행동을 잘 관찰하고 소통하여 행동유형을 잘 파악한다.
① (   ) ② (   ) ③ (   ) ④ (   ) ⑤ (   )

16. 상대방의 행동유형에 맞추어 협상하는 방법을 잘 알고 실행한다.
① (   ) ② (   ) ③ (   ) ④ (   ) ⑤ (   )

17. 나는 상대방이 감정적이고 공격적일 때 어떻게 대처해야 할지 잘 알
고 있다.
① (   ) ② (   ) ③ (   ) ④ (   ) ⑤ (   )

18. 나는 상대방의 힘이 더 쎌 때 어떻게 대처해야 할지 잘 알고 있다.
① (   ) ② (   ) ③ (   ) ④ (   ) ⑤ (   )

19. 협상이 성공하기 위해 사전에 준비하는 것이 가장 중요하다는 것을
잘 알고 있다.
① (   ) ② (   ) ③ (   ) ④ (   ) ⑤ (   )

20. 협상의 경험으로부터 지속적으로 학습하는 습관을 유지하고 있다.
① (   ) ② (   ) ③ (   ) ④ (   ) ⑤ (   )

총점 = (   )

[협상역량 평가]

총점	평가 해석
90 ~ 100	**협상역량이 우수함** -협상이 어떤 것을 필요로 하며, 어떻게 진행해야할 지에 대해 상당한 지식을 보유하고 있음 -협상의 실전능력 함양과 협상경험의 분석 및 개선으로 유능한 협상가로 발전할 것으로 기대됨
80 ~ 89	**협상역량이 양호함** -협상이 무엇이며, 어떤 것을 필요로 하는지에 대해 일정한 지식을 보유하며 발전 가능성이 충분히 있음 -협상의 실행과 대응능력을 함양하고 실전경험을 쌓아서 전문 협상가로 발전할 것으로 기대됨
65 ~ 79	**협상역량이 부족함** -협상이 무엇이며, 어떤 것을 필요로 하는지에 대해 초보적 지식을 보유하며 훈련으로 협상역량을 개발할 수 있음 -협상의 기본지식과 스킬을 함양하고 실전경험을 쌓아서 협상가의 경력을 시작할 것으로 기대됨
20 ~ 64	**협상역량이 미약함** -협상이 무엇이며, 어떤 것을 필요로 하는지에 대해 상식적 수준의 지식을 보유하며 교육과 훈련으로 협상의 기본지식스킬을 증진할 수 있음 -협상의 원리를 배우고 기본지식과 스킬을 함양하여 협상역량의 기초를 구축할 것으로 기대됨

부록 2. 협상가 행동유형 자가진단

[자가진단 방법]

　이것은 협상을 하면서 자신이 어떤 생각과 행동을 하는지에 대해 알아보는 행동유형 자가진단이다. 각 문항의 A, B, C 응답의 합이 10점이 되도록 점수를 배점한다. 예를 들어 A (5), B (3), C (2) 같이 점수를 넣으면 된다.

1. 협상을 준비하면서 당신은 …
A (　　). 상대방이 어떤 모습인지 궁금하고 자신은 협상과정을 이용하지 않을 것으로 기대한다.
B (　　). 정신적으로 상대방과 경쟁할 준비가 되어 있으면 자신의 전략을 계획하기 시작한다.
C (　　). 자신의 입장을 강화할 자료와 조사를 마련하며 사건을 조심스럽게 준비한다.

2. 상대방을 처음 만났을 때 당신은 …
A (　　). 협상을 시작하기 전에 개인적 대화를 하고 긍정적인 톤으로 설정하는데 시간을 할애한다.
B (　　). 비즈니스를 하기 전 관계형성이 필요 없고 자신의 목표, 사실, 자료를 신속히 제출하도록 재촉한다.
C (　　). 자신의 정보를 제공하기 전에 상대방의 입장을 들으면서 과정을 천천히 시작한다.

3. 협상 기간 중 정보를 제공하면서 당신은 …
A (　　). 상대방이 자신의 관심사항을 알고 자신도 상대방의 입장에 관

심이 있다는 것을 알기를 원한다.

B (　　). 자신의 입장을 강화시키는 정보만 제공한다.

C (　　). 자세하고 완전한 방법으로 모든 사실적 정보를 제공할 강한 욕구를 가진다.

4. 협상 기간 중 상대방과의 소통은 …

A (　　). 비공식적이며 항상 협상에 특별히 관련된 것은 아니다.

B (　　). 협상에 단호하고 직접적이고 특별한 스타일이다.

C (　　). 조심스럽고 유보적이고 감정이 없는 스타일이다.

5. 협상이 자신에게 잘 진행되지 않을 때 당신은 …

A (　　). 좌절하며 자신이 개인적으로 이용당하고 있다는 느낌이 들기 시작한다.

B (　　). 자신의 목표를 성취하기 위해 사용할 수 있는 전략에 집중한다.

C (　　). 가용한 사실과 자료에 집중하고 자신을 돕는 현실적 대안을 찾는다.

6. 협상을 마무리할 때 당신은 …

A (　　). 상대방이 자신에 대해 어떻게 생각할지를 염두에 두며 긍정적인 말로 협상을 마무리한다.

B (　　). 상대방이 자신에 대해 어떻게 생각할지 별 관심 없고 자신의 목표를 성취했는지에 대해 더 관심을 가진다.

C (　　). 상대방이 최종 결과가 공정하다고 느낄지에 대해 관심을 가진다.

점수 총계

　A= (　　　　), B = (　　　　), C = (　　　　)

[행동유형 진단]

A, B, C는 행동유형으로서 A는 온화함, B는 추진적, C는 분석적으로 분류한다. Stark & Flaherty(2017)에서는 활달함이라는 유형이 없고 이 세 가지의 행동유형만을 사용하고 있다.[130] 모든 문항에서 10점을 한 유형에 모두 부여하면 60점이 나오는데 자신의 특정 유형의 합계가 30점이 넘으면 그러한 행동유형을 선호하는 표현을 한 것이다. 특별한 유형에 자신의 점수가 높을수록 그런 유형으로 행동하는 것이 편안하다는 의미로 해석할 수도 있다. 만약 어떤 유형도 12점 아래나 24점 이상이 없다면 다양한 행동유형을 동시에 보유하고 있는 것으로 해석할 수 있다. 이 경우 상대방의 행동유형에 연계하여 자신의 행동유형을 선택할 수도 있다. 이 유형은 혼합형이라 분류하고 있다.

주석

제1장 인식역량: 협상은 왜 중요한가?

1) 한국경제, "애플·퀄컴 '30兆 특허전쟁' 끝냈다", 2019.4.19.
2) 협상 상대방도 원하는 성과를 얻는 윈윈협상 또는 협력적 협상의 실제 사례를 연구하는 것이 윈윈협상 스킬을 익히는데 도움을 준다. 원창희 (2020), 『함께 행복한 협상 이야기』, 네고메드 참조.
3) G. Richard Shell, *Bargaining for Advantage: Negotiation Strategies for Reasonable People*, New York, New York: Penguin Books, 2006, pp.26-28.
4) Joshua N. Weiss, *The Book of Real-World Negotiations: Successful Strategies from Business, Government, and Daily Life*, Hoboken, New Jersey: John Wiley and Sons, Inc, 2020, pp.47-57.
5) Danny Ertell, "Turning Negotiation into a Corporate Capability," *Harvard Business Review on Negotiation and Conflict Resolution*, Boston, MA: Harvard Business School Press, 2000, pp.101-127.
6) Harvard Business School, *Negotiation*, Boston, Massachusetts: Harvard Business School Press, 2003, pp.133~134.

제2장 목표역량: 나는 어떤 협상을 원하는가?

7) Peter B. Stark and Jane Flaherty, *The Only Negotiating Guide You'll Ever Need*, New York, NY: Crown Business, 2017, p.11.
8) Peter B. Stark and Jane Flaherty, 전게서, p.13.
9) Peter B. Stark and Jane Flaherty, 전게서, pp.13-15.
10) Charles B. Craver, *The art of negotiation in the business world*, Second edition, Durham, North Carolina: Carolina Academic Press, LLC, 2020, p.12.
11) Joshua N. Weiss, *The Book of Real-World Negotiations: Successful Strategies from Business, Government, and Daily Life*, Hoboken, New Jersey: John Wiley & Sons, Inc., 2020, pp.19~20.
12) Jeswald Salacuse, "The Importance of a Relationship in Negotiation)," PON Blog, Harvard Law School, 2021.4.27.
13) 인용문은 Weiss가 Ury에게 관계에 대한 인터뷰를 하면서 Ury가 응답한 내용이다. Joshua N. Weiss, 전게서, p.20.
14) Salacuse, 전게서.
15) 로버트 액설로드, 『협력의 진화: 이기적 개인의 팃포탯 전략』, 이경식

옮김, 시스테마, 2006, pp.36.~44

16) 감정은 어떤 현상이나 일에 대하여 일어나는 마음이나 느끼는 기분을 말하는데 사람의 마음에 일어나는 여러 가지 감정을 정서(情緖)라고 한다. 보통 'emotion'이라고 하는 것은 일반 대중들에게는 감정으로 번역되지만 학술적으로는 '정서'로 번역되고 있다. 나무위키, "감정."

17) Shapiro, Daniel L.(2015), "Untapped Power: Emotions in Negotiation," in Roy J. Lewicki, Bruce Barry and David M. Saunders, eds., *Negotiation: Readings, Exercises, and Cases*, 7th ed., New York, NY: McGraw-Hill Education, 2015, pp.163-170; Leary, Kimberlyn, Julianna Pillemer, and Michael Wheeler(2015), "Negotiation with Emotion," in Roy J. Lewicki, Bruce Barry and David M. Saunders, eds., *Negotiation: Readings, Exercises, and Cases*, 7th ed., New York, NY: McGraw-Hill Education, 2015, pp.171-178; Lerner, Jennifer S.(2015), "Negotiating Under the Influence: Emotional Hangovers Distort Your Judgement and Lead to Bad Decisions," in Roy J. Lewicki, Bruce Barry and David M. Saunders, eds., *Negotiation: Readings, Exercises, and Cases*, 7th ed., New York, NY: McGraw-Hill Education, 2015, pp.179-182.

18) Lerner, 전게서.

19) Ekman, Paul(1992), "Facial Expressions of Emotion: New Findings, New Questions," *Psychological Science*, 3 (1), pp.34-38.

20) 예를들어 Richard and Bernice Lazarus는 15개 감정으로 확장했고 Parrott은 그룹별로 감정을 분류하였고 Robert Plutchik는 8개의 감정의 바퀴를 만들었다. Wikipedia, "Emotion classification."

21) Shapiro, 전게서.

22) Leary, Pillemer and Wheeler, 전게서.

제3장 전략역량: 성공하는 협상은 어떤 전략으로 가능한가?

23) TK 갈등관리모형은 독단성과 협력성에 기초한 경쟁, 회피, 타협, 수용, 협력 전략을 도출하고 있다. 원창희(2019), 『갈등코칭과 협상코칭』, 한국문화사, pp.24~26; 원창희(2016), 『협상조정의 이해』, 한국문화사, pp.9~13; 원창희(2012), 『갈등관리의 이해』, 한국문화사, pp.83-87. 토마스킬만의 원전은 Thomas, Kenneth W. and Ralph H. Kilmann, *Thomas-Kilmann Conflict Mode Instrument*, Consulting Psychologists Press, Inc., 1974을 참조할 수 있다.

24) 위키백과, "관리 격자 모델," Wikipedia, "Managerial Grid Model."

25) Lewiki, Roy J., Alexander Hiam and Karen W. Olander, *Think Before You Speak: A Complete Guide to a Strategic Negotiation*, New York, NY: John Wiley & Sons, Inc., 1996, pp.54-75. 이 논문은 Lewiki, Roy J., Alexander Hiam and Karen W.

Olander, "Selecting a Strategy," in Roy J. Lewicki, Bruce Barry and David M. Saunders, eds., *Negotiation: Readings, Exercises, and Cases*, 7th ed., New York, NY: McGraw-Hill Education, 2015, pp.14-29에 수록되어 참고할 수 있다.
26) Lewiki, Hiam and Olander, 전게서.
27) Lewiki, Hiam and Olander, 전게서.
28) Lewiki, Hiam and Olander, 전게서.
29) Sheppes, Gal, Susanne Scheibe, Gaurav Suri, and James J. Gross(2011), "Emotion-Regulation Choice," *Psychological Science*, XX(X) 1-6.
30) 신영건(2019)은 감정의 종류가 부정적 감정과 긍정적 감정으로 구분되고 감정의 크기(강도와 빈도)는 동일한 대상에 대해서도 사람마다 다르다고 한다. 신영건(2019), "조직에서 사람의 감정과 행동," 경제포커스, 2019.10.31.; 빈치노트 블로그에서 감정관찰을 감정의 색깔과 감정의 강도로 나누어 해야 한다고 주장한다. 즉 기쁨, 웃음, 분노, 짜증, 슬픔, 애정, 환희, 열정 등 색의 감정이 있고 이와 별도로 '얼마나 강렬한 감정이 일어나는가'라는 감정의 강도를 동시에 관찰해야 한다는 것이다. 빈치, "마음관찰: 감정의 강도," 빈치노트, 2016.6.5.
31) 협상가 1급 교육과정에서 다수의 교육생들이 경쟁적 협상에서는 흥분하는 감정, 지나친 감정은 피하고 주장하는 바를 분명하게 표현하는 태도가 적절한 것으로 공감하였다. 심지어 "목소리 큰 놈이 진다. 흥분해서는 성공할 수 없다." 라고 표현하기도 하였다.

제4장 파워역량: 성공하는 협상은 어떤 협상력이 필요한가?

32) Salancik, G. R. and J. Pfeffer, "Who Gets Power and How They Hold on to it: A Strategic-Contingency Model of Power," *Organizational Dynamics*, 5, 1977, pp.3-21.
33) Kotter, J., *Power in Management*, New York, AMACOM, 1979.
34) Deutsch, M., *The Resolution of Conflict*, New Haven, CT: Yale University Press. 1973, pp.84-85
35) Deutsch, 전게서, p.85; Lewicki, Roy J., Joseph A. Litterer, John W. Minton and David M. Saunders, *Negotiation*, 2nd ed., Burr Ridge, Illinois: IRWIN, 1994, p.294.
36) Lewicki, Litterer, Minton and Saunders, 전게서, pp.292~293.
37) Lewicki, Litterer, Minton and Saunders, 전게서, p.295.
38) Pfeffer, Jeffrey(2015), "Where Does Power Come from?" in Roy J. Lewicki, Bruce Barry and David M. Saunders, eds., *Negotiation: Readings, Exercises, and Cases*, 7th ed., New York, NY: McGraw-Hill Education, pp.209-217. 이 논문은 원래 1992년 Managing with Power: Politics and Influence in Organizations 에 수록 논문이다.
39) Lewicki, Litterer, Minton and Saunders, 전게서, pp.297-323.
40) 헌법상 국민의 권리는 인간의 존엄권, 행복 추구권, 평등권, 기본권(자

유권적 기본권, 생존권적 기본권, 청구권적 기본권), 참정권 등 5가지의
권리이고 국민의 의무는 납세 의무, 국방 의무, 교육 의무, 근로 의무
등 4대 의무를 말한다. 위키백과, "국민의 권리와 의무."
41) 강한 느낌을 표현하고 화를 내거나 자신의 해결방안에 대한 정열적인
스피치를 하는 사람이 이기게 된다라고 주장하는 학자도 있다.
Henderson, B., *The Nonlogical Strategy*, Boston, MA: Boston
Consulting Group, 1973.
42) Lewicki, Litterer, Minton and Saunders, 전게서, pp.313-321.
43) Luthans, F. and R. Kreitner, *Organizational Behavior
Modification and Beyond*, Glenview, IL: Scott, Foresman, 1985.
44) Fisher, R. and S. Brown, *Getting Together: Building a
Relationship that gets to Yes*, Boston, MA: Houghton Mifflin,
1988.
45) Galinsky, Adam and Joe Magee(2006), "Power plays,"
Negotiation, vol. 9, (January 01, 2006), pp.1-4.
46) Kim, Peter H., Robin L. Pinkley and Alison R. Fragale(2005),
"Power Dynamics in Negotiation," *Academy of Management
Review*, Vol. 30, No. 4, 799-822.
47) Kim, Peter H., Robin L. Pinkley and Alison R. Fragale 전게서.
48) 사례의 개요는 원창희, 정주영, 권희범(2022), 『역사속 위대한 협상가
이야기』, 파인협상아카데미, pp.171~174에서 발췌하였다.
49) Michael Watkins(2002), *Breakthrough Business Negotiation: A
Toolbox for Managers*, Wiley, p.81.

제5장 절차역량: 성공하는 협상은 어떤 절차로 진행할 것인가?

50) Folberg, Jay and Dwight Golann, *Lawyer Negotiation: Theory,
Practice, and Law*, 2nd ed. New York, NY: Wolters Klwer, 2011,
pp.75-76.
51) Federal Mediation and Conciliation Service, "Interest-Based
Bargaining," Training manual, 2004; Barrett, Jerome T., *PAST
is the Future: A Model for Interest-Based Collective Bargaining
That Works!* 5th ed., Falls Church, Virginia: Jerome Barrett &
Sons Publishing Co., 1998 참조.
52) 예를 들어 Lewicki, Roy J., Joseph A. Litterer, John W. Minton
and David M. Saunders, *Negotiation*, 2nd ed., Burr Ridge,
Illinois: IRWIN, 1994, pp.80-108.
53) Alexandria Haslam Liaison(2022), Understanding the
Collaborative Negotiation Style, General News Article, Sun
Prairie Chamber of Commerce.
54) Federal Mediation and Conciliation Service(1997),
Interest-Based Bargaining Program: Instructor Handbook,
pp.15-17
55) Barrett, 전게서, pp.15~18.

56) Barrett, 전게서, pp.17~20.
57) Barrett, 전게서, p.120.
58) Nicholson, Walter and Christopher M. Snyder(2014), *Intermediate Microeconomics and Its Application*, 12th ed. Cengage Learning, pp.329~331.
59) Barrett, 전게서, p.20와 Moffitt and Schneider, *Dispute Resolution: Examples and Explanations*, 3rd ed., New York, NY: Wolters Kluwer, 2014, pp.3-7에서 요약, 발췌하였다.

제6장 준비역량: 성공하는 협상을 어떻게 준비할 것인가?

60) Stark & Flaherty, 전게서, 96; Tony Simons & Thomas M. Tripp, "The Negotition Checklist," in Roy J. Lewicki, Bruce Barry and David M. Saunders, eds., *Negotiation: Readings, Exercises, and Cases*, 7th ed., New York, NY: McGraw-Hill Education, 2015, pp.34-47; Craver, *The Art of Negotiation in the Business World*, Second edition, Durham, North Carolina: Carolina Academic Press, LLC, 2020.
61) Craver, 전게서.
62) Craver, 전게서.
63) Craver, 전게서.
64) 신용준(2021), pp.192~195.
65) 송효지(2022), pp.73~79.
66) Schultz(2023).
67) Lewicki, Litterer, Minton and Saunders, 전게서, p.63에 이러한 결과를 제시하는 많은 연구들을 요약하고 있다.
68) Lewicki, Litterer, Minton and Saunders, 전게서, p.63.
69) 예민한 정보의 공개 예방을 "Blocking Techniques(차단기법)"이라고 한다. Craver, 전게서. Table 3-1.
70) Lewicki, Litterer, Minton and Saunders, 전게서, p.75.
71) Simons & Tripp, 전게서; Harvard Business School, *Negotiation*, Harvard Business Essentials, Boston, MA: Harvard Business School Publishing Corporation, 2003, pp.29-44; Fisher, Ury & Patton, *Getting to Yes: Negotiating Agreement Without Giving In*, 2nd ed., New York, NY: Penguin Books, 1991.
72) 주짓수협상에 대한 방법은 Fisher, Ury & Patton, *Getting to Yes: Negotiating Agreement Without Giving In*, 2nd ed., New York, NY: Penguin Books, 1991, pp.107-128 참조할 수 있다.
73) 주짓수는 일본어 유술(柔術)의 영미식 발음이다. 일본어 じゅうじゅつ (Jujutsu, 쥬쥬츠/주주쓰)가 브라질을 시작으로 서양으로 전파되면서 발음이 변형되어 Jiu-Jitsu(주짓수)로 불리게 되었다. 나무위키, 주짓수.

제7장 소통역량: 성공하는 협상의 소통스킬은 무엇인가?

74) 질문스킬은 Stark & Flaherty, 전게서, pp.32-45를 참조하여 발췌함.

75) Stark & Flaherty, 전게서, p.34.
76) Stark & Flaherty, 전게서, pp.35-40.
77) Stark & Flaherty, 전게서, pp.40-44.
78) Stark & Flaherty, 전게서, p.46.
79) 듣기스킬은 Stark & Flaherty, 전게서, pp.46~55를 참조하여 발췌함.
80) Stark & Flaherty, 전게서, p.47.
81) Wikipedia, "Active Listening."
82) Carl R. Rogers and Richard E. Farson(1987), "Active Listening," Communicating in Business Today, R.G. Newman, M.A. Danzinger, M. Cohen (eds).
D.C. Heath & Company
83) Theo Winter(2014), "In a Nutshell: Active Listening," Human Performance Technology, 2014.12.11.
84) Wikipedia, "Active Listening."
85) Surbhi(2021)
86) Wikipedia, "Active Listening."
87) Wikipedia, "Active Listening," Surbhi(2021)
88) Federal Mediation and Conciliation Service(1997), SB2-6.
89) Dan Grisoni(2023), "What Is Active Listening And How to Implement It With Your Team," Grisoni Coaching, 2023.2.9.
90) DeVito, J. A. (2000). The elements of public speaking (7th ed.). New York, NY: Longman, pp.26-28; 이 모델은 Tyagi도 그대로 사용하고 있다. Tyagi, B. (2013). Listening: An important skill and its various aspects. *The Criterion An International Journal in English*, 12(1), 1-8.
91) DeVito, J. A. (2000), 전게서, pp.26-28.
92) Judee K. Burgoon Ph.D. (Author), Laura K. Guerrero (Author), Kory Floyd(2009), *Nonverbal Communication*, 1st Edition, Pearson, pp.391-393.
93) Stark & Flaherty, 전게서, pp.48-52.
94) Boston University, Office of the Ombuds, Active Listening.
95) Federal Mediation and Conciliation Service(1997), *Skills Building Modules: Instructor Handbook*, Washington, DC, pp.SB2-5~7.
96) Stark & Flaherty, 전게서, pp.52-54.
97) Stark & Flaherty, 전게서, p.54.
98) Stark & Flaherty, 전게서, p.55.
99) 스티븐 코비(2003).
100) 스티븐 코비, 전게서, 공감적 경청 참조.
101) 비언어소통은 Stark & Flaherty, 전게서, pp.56-65를 참조하여 발췌함.
102) Stark & Flaherty, 전게서, pp.59-63.

제8장 스타일역량: 상대방의 행동유형은 어떻게 반응해야 하는가?

103) McCorkle, Suzanne and Melanie J. Reese, *Personal Conflict Management: Theory and Practice*, Boston, MA: Allyn & Bacon,

2010, p.111.
104) Furlong, G. T., *The Conflict Resolution Toolbox*, Mississausa, Canada: Wiley, 2005; McCorkle and Reese, 전게서, pp.111-112. Stark & Flaherty는 Amiable, Driving, Analytical 이라는 3가지 행동유형만 소개하고 이들 3가지를 결합한 Blend 형을 별도로 추가하고 있다. Stark & Flaherty, 전게서, pp.83-84.
105) 김성형은 횡축을 생각의 특징으로 분석적->감정적, 종축을 생각의 방향으로 이타적->이기적으로 증가롤 표시하고 망원경형, 현미경형, 돋보기형, 청진기형으로 성향을 분석하였다. 이 4가지 성격 유형은 사회적 스타일모델의 추진적, 분석적, 온화함, 활달함과 대동소이하다. 김성형(2016), 『협상천재가 된 홍대리』, 다산라이프, pp.133-135.
106) Stark & Flaherty, 전게서, p.82.
107) Stark & Flaherty, 전게서, pp.93-95.

제9장 위기대처역량: 협상의 파괴는 어떻게 극복해야 하는가?

108) 본 장의 내용은 Lewicki, Litterer, Minton and Saunders (1994)의 Chapter 6. Negotiation Breakdowns: Causes and Cures의 내용을 요약, 발췌하였다. 원창희(2016), 『협상조정의 이해』, 한국문화사, 2-6. 협상의 난국을 극복하는 방법과 원창희, 『갈등코칭과 협상코칭』, 2019, 4-6. 협상파괴의 극복 방법의 내용을 발췌하고 수정, 보완하였다.
109) Fisher, Uri & Patton(1991)는 6, 7, 8장에서 힘의 우위, 공격, 비열 수법의 세 가지 난국을 분석하고 감정편(pp.29-32)에서 분노를 다루고 있다.
110) Ury, William(1993). Getting Past No: Negotiating in Difficult Situations. Bantam.
111) Lewicki, Litterer, Minton and Saunders, 전게서, p.144.
112) McCormick, Bill(2018). 25 Most Difficult Negotiation Tactics: How to respond effectively to adversarial tactics. Peak Selling, Inc.
113) 로널드 샤피로, 마크 얀코프스키, 제임스 데일(2003), 협상의 심리학, 이진원 옮김, Chapter 8, 9 10에서 참고하였다.
114) Osgood(1962); Lewicki, Litterer, Minton and Saunders, 전게서, p.147.
115) Lewicki, Litterer, Minton and Saunders, 전게서, pp.148-149.
116) Lewicki, Litterer, Minton and Saunders, 전게서, p.149.
117) Lewicki, Litterer, Minton and Saunders, 전게서, pp.157-158.
118) 로널드 샤피로, 마크 얀코프스키, 제임스 데일, 전게서, Chapter 8 까다로운 협상을 참고하였다.
119) 로널드 샤피로, 마크 얀코프스키, 제임스 데일, 전게서, pp.239-242.
120) 여기서 소개하는 전술은 Lewicki, Litterer, Minton and Saunders, 전게서, pp.73-77를 참고하여 발췌하였다.
121) Fisher, Ury and Patton (1991), pp.129-130, Lewicki, Litterer, Minton and Saunders (1994), pp.77-78, 165-166 참조.
122) Lewicki, Litterer, Minton & Saunders, 전게서, pp.152~156를 발

췌 요약하였다.

123) Eiseman(1978): Lewicki, Litterer, Minton & Saunders, 전게서, p.155.
124) Lewicki, Litterer, Minton & Saunders, 전게서, p.168.
125) Ury, W. (1991), *Getting Past No: Negotiating with Difficult People*, New York, NY: Bantam Books, p.9; Lewicki, Litterer, Minton and Saunders (1994), 전게서, pp.167-171.
126) Lewicki, Litterer, Minton and Saunders, 전게서, pp.167-171.

제10장 성공법칙역량: 협상의 10가지 성공법칙을 기억하는가?

127) 성공적인 비즈니스 협상을 위한 5가지 법칙이란 과감하게 베팅하라, 준비 없이 시작하지 마라, 협상은 커뮤니케이션이다, 열정이 기적을 부른다, 진실이 없으면 승리도 없다 이다. 김병윤(2011), 『비즈니스 협상 A to Z』, 해냄출판사, pp.13-39.
128) 10가지 성공법칙의 원문은 Lewicki, Barry and Saunders (2009)에 서 있으며 여기서 소개하는 내용은 Lewicki, Barry and Saunders (2015)에서 수록한 것을 요약, 발췌한 것이다.
129) 성공법칙의 1번인 협상 준비는 Lewicki, Barry and Saunders의 원전을 참고하되 6. 준비역량에서 서술한 협상 준비를 중심으로 정리하였다.
130) Stark & Flaherty(2017)는 온화함(Amiable), 추진적(Driver), 분석적(Analytical)으로 분류하고 이들의 합성을 혼합형(Blend)로 추가하였다(pp.84-93). 8. 스타일역량에서 사용한 사회적스타일유형은 온화함(Amiable), 추진적(Driver), 분석적(Analytical) 활달함(Expressive)이라는 4가지로 구분하는 차이점이 있다.

참고문헌

김병윤(2011), 『비즈니스 협상 A to Z』, 해냄출판사.
김성형(2016), 『협상천재가 된 홍대리』, 다산라이프.
나무위키, "감정."
나무위키, "주짓수."
로버트 액설로드(2006), 『협력의 진화: 이기적 개인의 팃포탯 전략』, 이경식 옮김, 시스테마.
빈치(2016), "마음관찰: 감정의 강도," 빈치노트, 2016.6.5.
송이재(2019), 『협상의 정석: 비즈니스 협상전략』, 경성대학교출판부.
송효지(2022), 『방송국에서 드라마 파는 여자』, 바이북스.
스티븐 코비(2003), 『성공하는 사람들의 7가지 습관』, 김경섭 역, 김영사.
신영건(2019), "조직에서 사람의 감정과 행동," 경제포커스, 2019.10.31.
신용준(2021), 『고수의 협상법』, Ritec Contents.
원창희(2012), 『갈등관리의 이해』, 한국문화사.
원창희(2016), 『협상조정의 이해』, 한국문화사.
원창희(2019), 『갈등코칭과 협상코칭』, 한국문화사.
원창희(2020), 『함께 행복한 협상 이야기』, 네고메드.
위키백과, "관리 격자 모델."
위키백과, "국민의 권리와 의무."
한국경제(2019), "애플·퀄컴 '30兆 특허전쟁' 끝냈다", 2019.4.19.

Barrett, Jerome T.(1998), *PAST is the Future: A Model for Interest-Based Collective Bargaining That Works!* 5th ed., Falls Church, Virginia: Jerome Barrett & Sons Publishing Co.
Bennetch, Rebekah, Corey Owen, and Zachary Keesey(2021), "Effective Professional Communication: A Rhetorical Approach, Appendix G: Stages of Listening," University

of Saskatchewan,

Boston University, Office of the Ombuds, "Active Listening." https://www.bumc.bu.edu/facdev-medicine/files/2016/10/Active-Listening-Handout.pdf

Burgoon, Judee K., Laura K. Guerrero, and Kory Floyd(2009), *Nonverbal Communication*, 1st Edition, Pearson.

Chowles, Bradley(2019), "The 6 Principles of Successful Negotiation," Red Bear Negotiation Co. https://www.redbearnegotiation.com/blog/the-6-principles-of-successful-negotiation

Coddington, Alan(1968), *Theories of the Bargaining Process*, Chicago : Aldine Pub. Co.

Craver, Charles B.(2020), *The Art of Negotiation in the Business World*, Second edition, Durham, North Carolina: Carolina Academic Press, LLC,

Deutsch, M.(1973), *The Resolution of Conflict*, New Haven, CT: Yale University Press, pp.84-85.

DeVito, Joseph. A. (2000). *Essential Elements of Public Speaking* (7th ed.). New York, NY: Longman.

Eiseman, J. W.(1978). Reconciling incompatible positions. *Journal of Applied Behavioral Science*, 14, 133-150.

Ekman, Paul(1992), "Facial Expressions of Emotion: New Findings, New Questions," *Psychological Science*, 3 (1), pp.34-38.

Ertell, Danny(2000), "Turning Negotiation into a Corporate Capability," *Harvard Business Review on Negotiation and Conflict Resolution*, Boston, MA: Harvard Business School Press, pp.101-127.

Federal Mediation and Conciliation Service(1997), "Skills Building Modules, Instructor Handbook."

Federal Mediation and Conciliation Service(1997),

"Interest-Based Bargaining Program: Instructor Handbook."
Federal Mediation and Conciliation Service(2004), "Interest-Based Bargaining," Training manual.

Fisher, Roger(1969), *International Conflict for Beginners*, New York, NY: Harper & Row.

Fisher, Roger and Scott Brown(1988), *Getting Together: Building a Relationship that gets to Yes*, Boston, MA: Houghton Mifflin.

Fisher, Roger, William Ury & Bruce Patton(1991), *Getting to Yes: Negotiating Agreement Without Giving In*, 2nd ed., New York, NY: Penguin Books.

Folberg, Jay and Dwight Golann(2011), *Lawyer Negotiation: Theory, Practice, and Law*, 2nd ed. New York, NY: Wolters Klwer.

Furlong, G. T.(2005), *The Conflict Resolution Toolbox*, Mississausa, Canada: Wiley.

Grisoni, Dan(2023), "What Is Active Listening And How to Implement It With Your Team," Grisoni Coaching, 2023.2.9.

Harvard Business School(2003), *Negotiation*, Harvard Business Essentials, Boston, MA: Harvard Business School Publishing Corporation, pp.29-44.

Henderson, B.(1973), *The Nonlogical Strategy*, Boston, MA: Boston Consulting Group.

Joshua N. Weiss(2020), *The Book of Real-World Negotiations: Successful Strategies from Business, Government, and Daily Life*, Hoboken, New Jersey: John Wiley & Sons, Inc.

Kotter, J.(1979), *Power in Management*, New York, AMACOM.

Lawrence, Kate, Ruth Campbell, and David Skuse(2015), "Age, gender, and puberty influence the development of facial emotion recognition," *Frontiers in Psychology*, July 2015.

Leary, Kimberlyn, Julianna Pillemer, and Michael Wheeler(2015), "Negotiation with Emotion," in Roy J. Lewicki, Bruce Barry and David M. Saunders, eds., *Negotiation: Readings, Exercises, and Cases*, 7th ed., New York, NY: McGraw-Hill Education, pp.171-178.

Lerner, Jennifer S.(2015), "Negotiating Under the Influence: Emotional Hangovers Distort Your Judgement and Lead to Bad Decisions," in Roy J. Lewicki, Bruce Barry and David M. Saunders, eds., *Negotiation: Readings, Exercises, and Cases*, 7th ed., New York, NY: McGraw-Hill Education, pp.179-182.

Lewicki, Roy J., Bruce Barry, and David M. Saunders(2009), "Best Practice in Negotiation," *Negotiation*, 6th ed., McGraw-Hill/IRWIN.

Lewicki, Roy J., Bruce Barry, and David M. Saunders(2015), "Best Practice in Negotiation," in *Negotiation Reading, Exercises and Cases*, 7th ed., Lewicki, Barry, and Saunders, (eds.), New York, NY: McGraw-Hill. pp.465-474.

Lewiki, Roy J., Alexader Hiam and Karen W. Olander(1996), *Think Before You Speak: A Complete Guide to a Strategic Negotiation*, New York, NY: John Wiley & Sons, Inc., pp.54-75.

Lewiki, Roy J., Alexader Hiam and Karen W. Olander(2015), "Selecting a Strategy," in Roy J. Lewicki, Bruce Barry and David M. Saunders, eds., *Negotiation: Readings, Exercises, and Cases*, 7th ed., New York, NY: McGraw-Hill Education, pp.14-29

Lewicki, Roy J., Joseph A. Litterer, John W. Minton and David M. Saunders(1994), *Negotiation*, 2nd ed., Burr Ridge, Illinois: IRWIN, p.294.

Liaison, Alexandria Haslam(2022), "Understanding the

Collaborative Negotiation Style," General News Article, Sun Prairie Chamber of Commerce.

Luthans, F. and R. Kreitner(1985), *Organizational Behavior Modification and Beyond, Glenview*, IL: Scott, Foresman.

Lynch, Dudley and Paul L. Kordis(1988), *Strategy of the Dolphin*, New York: William Morrow & Co.

Masters, Marick F. and Robert R. Albright(2002), *The Complete Giude to Conflict Resolution in the Workplace*, New York, NY: AMACOM.

McCorkle, Suzanne and Melanie J. Reese(2010), *Personal Conflict Management: Theory and Practice*, Boston, MA: Allyn & Bacon.

Moffitt, Michael L. and Andrea Kupfer Schneider(2014), *Dispute Resolution: Examples and Explanations*, 3rd ed., New York, NY: Wolters Kluwer.

Nicholson, Walter and Christopher M. Snyder(2014), *Intermediate Microeconomics and Its Application*, 12th ed. Cengage Learning.

Osgood, Charles E.(1962), *An Alternative to War or Surrender*, Urbana, IL: University of Illinois Press.

Patton, Bruce(2005), "Negotiation," in Michael L. Moffitt and Robert C. Bordone (Eds.), *The Handbook of Dispute Resolution*, San Francisco, CA: Jossey-Bass.

Pfeffer, Jeffrey(2015), "Where Does Power Come from?" in Roy J. Lewicki, Bruce Barry and David M. Saunders, eds., *Negotiation: Readings, Exercises, and Cases*, 7th ed., New York, NY: McGraw-Hill Education, pp.209-217.

Rogers, Carl R. and Richard E. Farson(1987), "Active Listening," *Communicating in Business Today*, R.G. Newman, M.A. Danzinger, M. Cohen (eds).

Salacuse, Jeswald(2021), "The Importance of a Relationship in

Negotiation," PON Blog, Harvard Law School, 2021.4.27

Salancik, G. R. and J. Pfeffer(1977), "Who Gets Power and How They Hold on to it: A Strategic-Contingency Model of Power," *Organizational Dynamics*, 5, pp.3-21.

Shapiro, Daniel L.(2015), "Untapped Power: Emotions in Negotiation," in Roy J. Lewicki, Bruce Barry and David M. Saunders, eds., *Negotiation: Readings, Exercises, and Cases*, 7th ed., New York, NY: McGraw-Hill Education, pp.163-170.

Schultz, Mike(2023), "Who SHould Make the First Offer in a Negotiation?" RAIN Group Blog.
https://www.rainsalestraining.com/blog/who-should-make-the-first-offer-in-a-negotiation

Shell, G. Richard(2006), B*argaining for Advantage: Negotiation Strategies for Reasonable People*, New York, New York: Penguin Books.

Sheppes, Gal, Susanne Scheibe, Gaurav Suri, and James J. Gross(2011), "Emotion-Regulation Choice," *Psychological Science*, XX(X) 1-6.

Simons, Tony and Thomas M. Tripp(2015), "The Negotition Checklist," in Roy J. Lewicki, Bruce Barry and David M. Saunders, eds., *Negotiation: Readings, Exercises, and Cases*, 7th ed., New York, NY: McGraw-Hill Education, pp.34-47;

Stark, Peter B. and Jane Flaherty(2017), *The Only Negotiating Guide You'll Ever Need*, New York, NY: Crown Business.

Stendall, Ray   "Negotiation 101: The 6 Basic Principles of Negotiation," Ray Stendall International, Inc., December 8, 2016.
http://www.raystendall.com/rs/communication_skills_negotiation-101-the-6-basic-principles-of-negotiation/

Surbhi S(2021), "Difference Between Active Listening and

Passive Listening," Key Differences.

The Business Journals(2017), "7 principles for effective negotiations," *The Business Journals*, August 7. https://www.bizjournals.com/bizjournals/how-to/growth-strategies/2017/08/7-principles-for-effective-negotiations.html.

Thomas, Kenneth W. and Ralph H. Kilmann(1974), *Thomas-Kilmann Conflict Mode Instrument*, Consulting Psychologists Press, Inc.

Tyagi, B. (2013). Listening: An important skill and its various aspects. *The Criterion An International Journal in English*, 12(1), 1-8.

Ury, W.(1991), *Getting Past No: Negotiating with Difficult People*, New York, NY: Bantam Books.

Weedfald, Peter, "10 Core Principles Of Negotiation," *Forbes*, https://www.forbes.com/sites/forbesbusinessdevelopmentcouncil/2021/01/04/10-core-principles-of-negotiation/?sh=21f91e6d4706

Weiss, Joshua N. (2020), *The Book of Real-World Negotiations: Successful Strategies from Business, Government, and Daily Life*, Hoboken, New Jersey: John Wiley & Sons, Inc.

White, Lorraine(2019), "10 Key Principles of Effective Negotiation," *New Business Executive*, International Chamber of Commerce, September 10, https://www.linkedin.com/pulse/10-key-principles-effective-negotiation-lorraine-white

Wikipedia, "Active Listening."

Wikipedia, "Emotion."

Wikipedia, "Emotion classification."

Wikipedia, "Managerial Grid Model."

Winter, Theo(2014), "In a Nutshell: Active Listening," *Human Performance Technology*, 2014.12.11.

▌찾아보기 ▌

■저자 원창희 프로필

[학력]
고려대학교 경영대학 경영학학사
고려대학교 대학원 경제학석사
미국 오하이오주립대(The Ohio State University) 경제학박사

[경력]
한국노동교육원 교육본부장, 교수
숭실대 노사관계대학원 겸임교수
한국노동경제학회 / 한국노사관계학회 부회장, 이사
서울지방노동위원회 / 경기지방노동위원회 공익위원
국회 환경노동위원회 전문위원
아주대학교 경영대학원 겸임교수
The 9th Asia Pacific Mediation Forum(APMF) Conference 준비위원장
단국대학교 경영대학원 협상론 강사
한국코치협회 인증코치
한국조정중재협회 부회장
한국갈등조정가협회 회장
미국 연방조정알선청 명예조정관(현)
서울중앙지방법원 / 서울가정법원 조정위원(현)
고려대학교 노동문제연구소 연구교수(현)
한국협상경영원 대표/원장(현)

[저서]
노사간 신뢰구축의 길(공저, 나남출판사, 2004)
노동분쟁의 조정: 이론과 실제(법문사, 2005)
사례로 배우는 대안적 분쟁해결: 협상조정중재(이지북스, 2009)
갈등관리의 이해(한국문화사, 2012)
직장인 행복서(인더비즈, 2014)
협상조정의 이해(한국문화사, 2016)
갈등코칭과 협상코칭(한국문화사, 2019)
함께 행복한 협상 이야기(네고메드, 2020)
성공하는 협상의 10가지 핵심역량(파인협상아카데미, 2021)
역사 속 위대한 협상가 이야기(파인협상아카데미, 2022)
조직갈등해결의 실무와 사례(한국협상경영원, 2023)

성공하는 협상의 10가지 핵심역량(개정판)
순서대로 따라하면 나도 최고 협상가!

1판1쇄 발행 2021년 3월 09일
개정판1쇄 발행 2024년 4월 15일

지 은 이 원 창 희
펴 낸 이 원 창 희
펴 낸 곳 한국협상경영원
등   록 2020년 5월 11일
주   소 서울특별시 서초구 서초대로46길 99, 4196호(현빌딩)
전   화 02-6223-7001
팩   스 050-4186-4540
이 메 일 k-nego@daum.net
홈 페 이 지 www.k-nego.com

책값은 뒤표지에 있습니다.

ISBN 979-11-979913-2-5(13320)

이 도서의 국립중앙도서관 출판도서목록은 서지정보유통지원시스템
홈페이지(http://seoji.nl.go.kr)와 국가자료공동목록시스템(http://www.nl.go.kr/kolisnet)에서
이용하실 수 있습니다.(ISBN 979-11-979913-2-5으로 검색)